JN113278

色づかいの編み小物

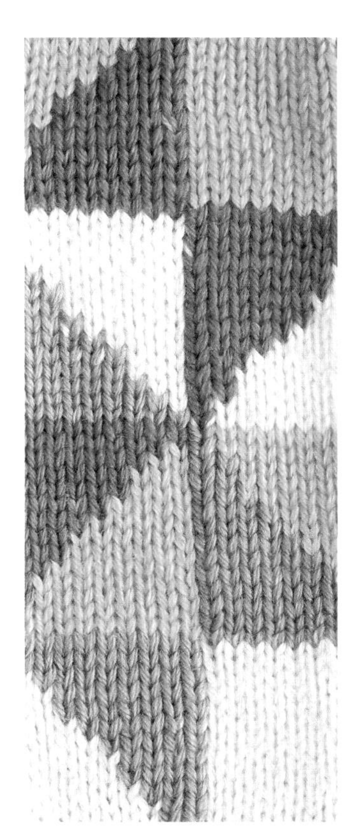

やさしく編めてコーディネートの
ポイントになるかわいい編み物

野口智子

Prologue

寒い季節にちょっとだけ奇抜だけど
編んでいてウキウキするような
カラーリングのアイテムを揃えました。

元気なカラーを小物でちょっと取り入れて
身に着けてもウキウキしていただけたらうれしいです。

この本では、糸、色、模様を楽しめるように考えています。
糸や色の組み合わせ、表と裏編みだけで編めるもの、
どれも新しい楽しさと発見があると思います。

わたしが色を決めるときは、好きな写真だったり、絵だったり、
キャラクターだったりのカラーリングを頭に浮かべて選んでいます。
そうすると、自然と心地のよい色合わせができます。
まずは自分の好きな色の組み合わせを見つけるところから始めてみてください。

編み込み模様のときは、例えばミトンのホワイトとミントグリーンのように
できるだけ配色とベースの色はコントラストの強い色を選ぶときれいに模様がでます。

楽しい糸を使うときは、編み上がったときの編み地の立体感を楽しめる
シンプルな形がおすすめです。

お友だちへのプレゼントで編むのにもおすすめなアイテムを
たくさん盛り込みましたので
お好きなカラーリングでいろいろ編んでみてください。

この本を見て編んでくれたニットから、
そのニットすてきだね。
わたしも編もうかな。
一緒に編もう！
なんて会話が聞こえてきたらとてもうれしいです。

野口智子

エクスラン手芸糸
Dulcian
ダルシャン〈極細〉
Rich More
PERCENT 1/100
NTELLIGENT YARN HAS 100 COLORS VARIATION
AVRIL

Contents

糸が楽しい

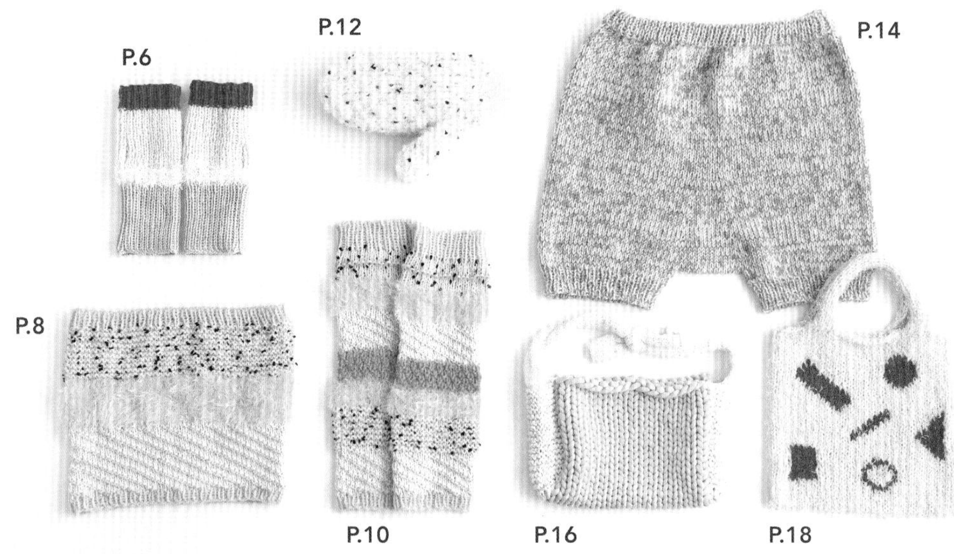

表裏編みで

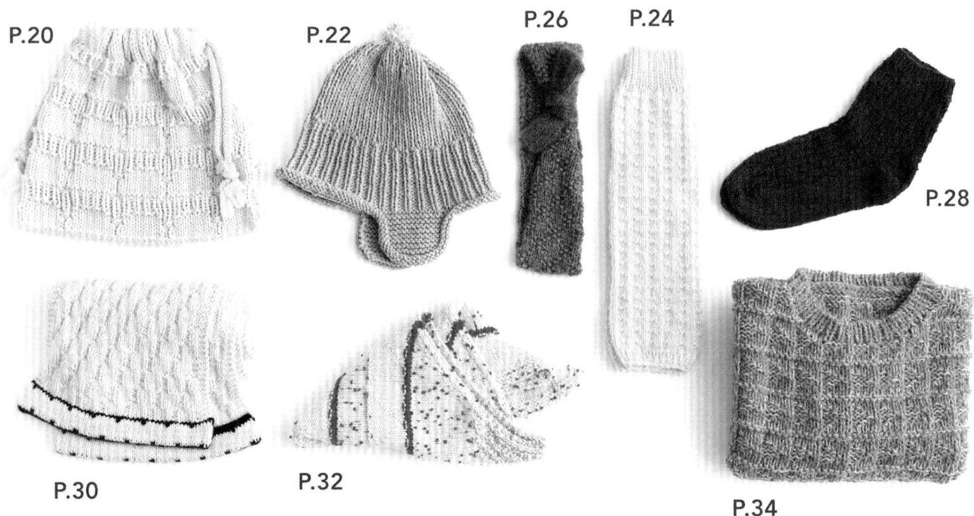

図案が楽しい

あまり糸を使って

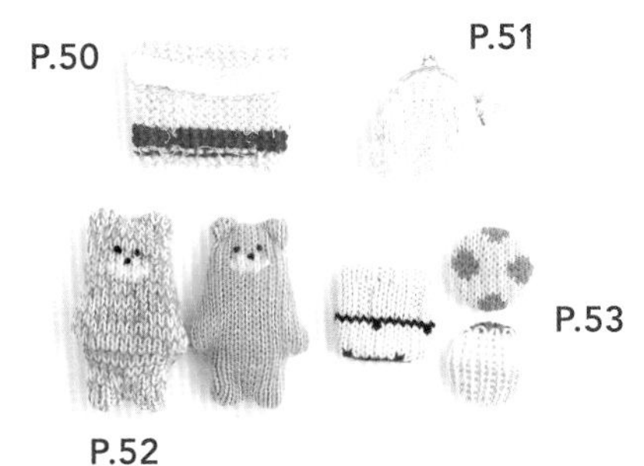

糸が楽しい

シンプルな編み地でも、ふわふわとした特徴のある糸を使ったり、2本を引き揃えで編むことで組み合わせを楽しめたり。新しい効果がうまれます。

アームウォーマー

1目ゴム編みだけで編む、フィットするアームウォーマーです。4段に分けた糸の配分がミソ。1段目と3段目はつけ心地のいい同じ糸ですが、3段目はポンポンヤーンと引き揃えにしているので印象ががらりと変わります。2段目と4段目の個性的な糸や色を少しはさむのがポイントです。

Yarn：やわらかラム、コルクシェニール、ポンポンヤーン、
小巻Café デミ ネオン

How to make ▶ 66 page

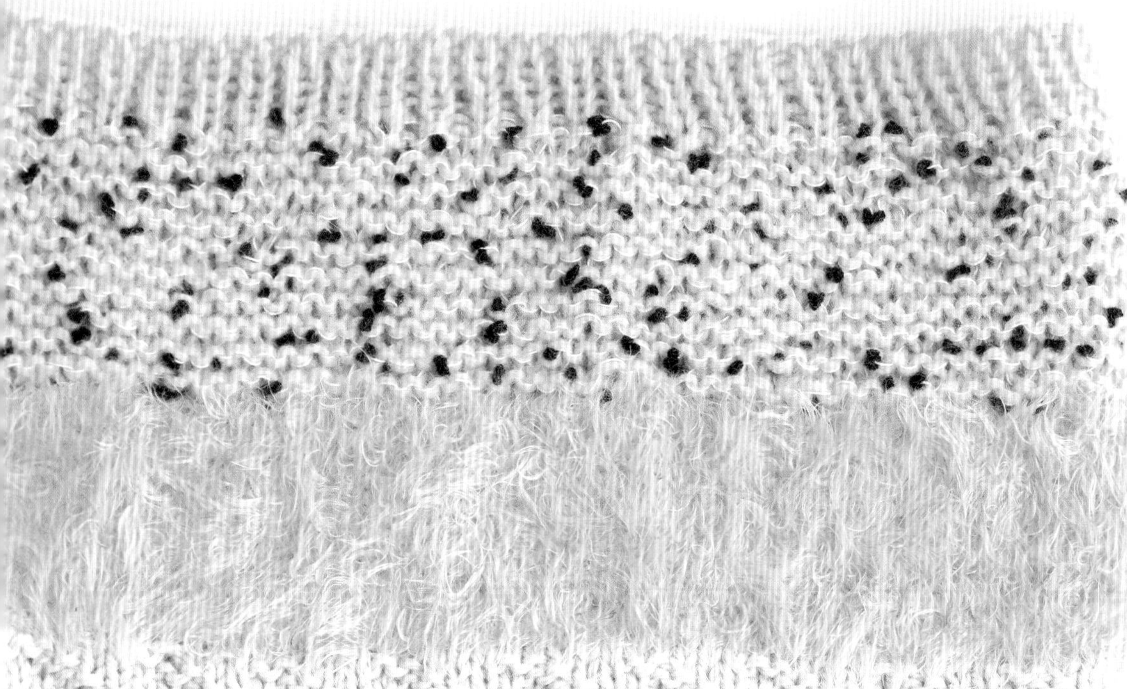

ネックウォーマー

全体的に軽くふわっとした質感のネックウォーマーです。中央の個性的な糸を、引き揃えと模様編みではさんでバランスをとります。10ページのレッグウォーマーとお揃いです。

Yarn：ウールリリヤーン、スムースウール、スフレモール、みずたま
How to make ▶ 68 page

レッグウォーマー

8ページのネックウォーマーとお揃いで使ってもカラフルなのに派手に見えず、落ち着いて合わせられます。3～5cmごとに糸と編み目を変えているので着けたときも色や模様の違いがよくわかります。

Yarn：ウールリリヤーン、スムースウール、スフレモール、みずたま

How to make ▶ 70 page

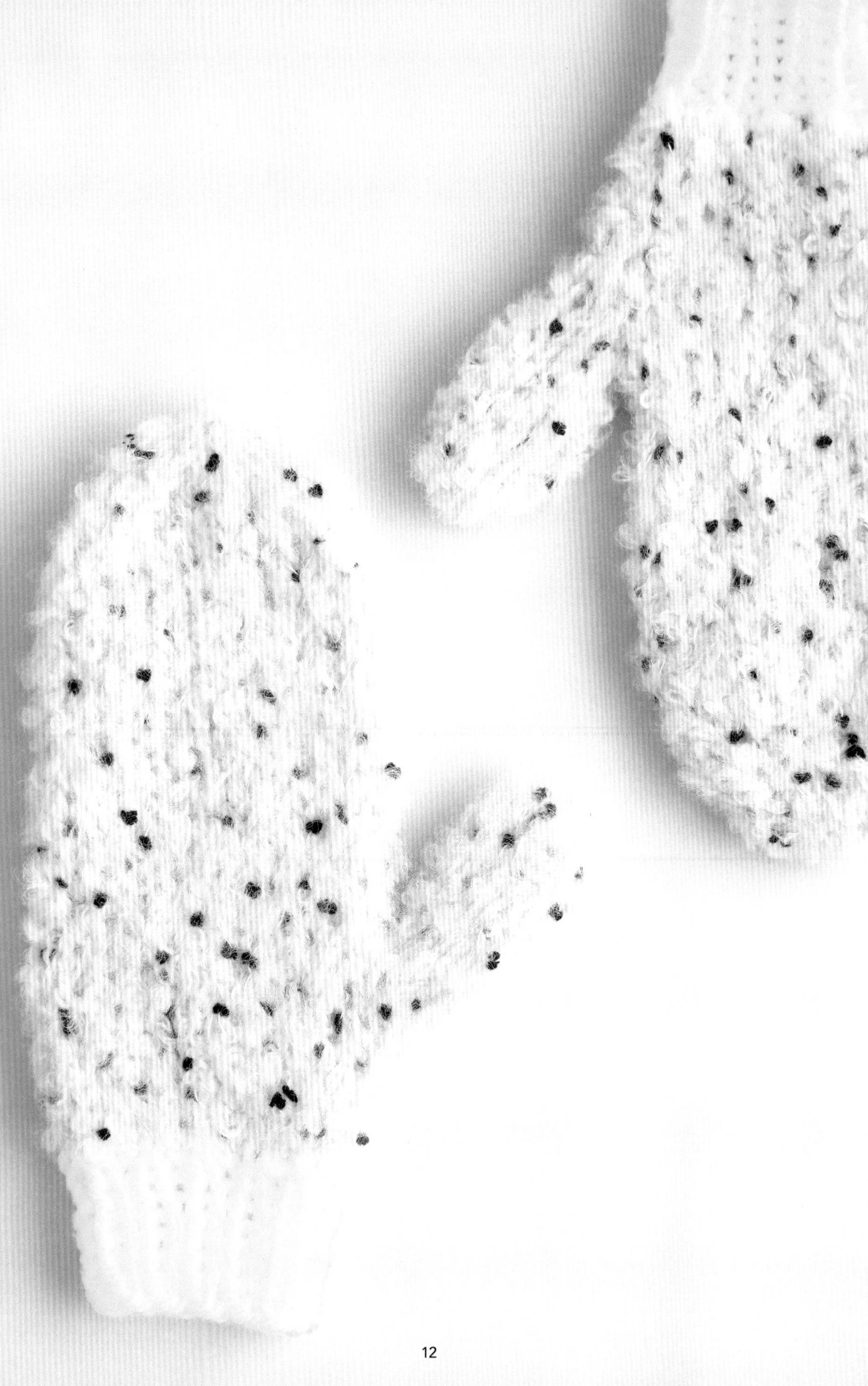

モコモコミトン

いつまでも触っていたくなるミトンです。モコモコの糸につぶつぶの糸を引き揃えにすることで、つぶつぶが見えたり見えなかったりかわいいニュアンスがうまれます。

Yarn：LOOP、iroiro Neon、みずたま
How to make ▶ 72 page

毛糸のパンツ

レトロかわいい毛糸のパンツ。杢ピンクは引き揃えにすることで作っています。小さな水色のリボンはメリヤス刺繍です。ウエストから編んでいくので、メリヤス刺繍は半目ずれて刺してください。

Yarn：空気をまぜて糸にしたウールアルパカ、
ダルシャン極細、小巻 Café デミ ネオン

How to make ▶ 77 page

ショルダーバッグ

手に下げても肩にかけてもちょうどいいサイズのショルダーバッグです。本体はざっくりと、マチは引き揃え、持ち手はマチと同じ糸を１種類のみで。糸と編み方でこんなにも見え方が違います。

Yarn：POMPIDOU II 、skógafoss、ポンポンヤーン

How to make ▶ 80 page

トートバッグ

幾何学模様を編み込みで描いたトートバッグ。本体の飛び出した糸と幾何学模様のふんわりとした糸の、質感の違いがおもしろい組み合わせです。シンプルながらインパクトのあるデザイン。

Yarn：スプラウト、手つむぎ風タム糸

How to make ▶ 82 page

表裏編みで

基本の表編みと裏編みだけで模様を作ります。ケーブル模様、スカラップ、三角形。糸や色によっても模様の見えやすさに違いが出てくるのでいろいろ試して楽しんでください。

巾着バッグ

スカラップ模様がよくわかる巾着バッグ。ざっくりとした糸と模様の相性がぴったりです。ひもの端に蛍光イエローを使ってポイントに。

Yarn：POMPIDOU Ⅰ、綿コード、小巻 Café デミ ネオン

How to make ▶ 74 page

耳当てつき帽子

ポンポンもかわいい耳当てつき帽子。頭のてっぺんから編み始め、最後にメリヤス編みで縁編みします。メリヤス編みがくるりとまるまるのがかわいい。

Yarn：ワッフル、ダルシャン極細、やわらかラム
How to make ▶ 84 page

模様編みのレッグウォーマー

縦にきれいに並んだつぶつぶ模様がとうもろこしをイメージさせるレッグウォーマー。裏編みを２目入れるだけのシンプルな模様編みですが、しっかりと模様がわかります。

Yarn：メリノスタイル 並太

How to make ▶ 90 page

リボンタイプのヘアバンド

好きな長さで結んで使えるヘアバンドです。ニットのヘアバンドは、さっとつけれてなんとなくまとまるのが魅力。2本の渋い色の糸を引き揃えてダイヤ模様の模様編みにしました。

Yarn：リッチモア パーセント、
リッチモア エクセレントモヘア〈カウント 10〉

How to make ▶ 86 page

短め靴下

靴下用の糸で編んでいるので使いやすく実用的な一足です。糸の色のチョコレートから、板チョコのようなブロック模様を考えました。

Yarn：スーパーウォッシュメリノ
How to make ▶ 87 page

マフラー

ケーブル編みにしなくても、表裏編みだけで縄模様を出したマフラーです。端の黒の編み込みで全体を引き締めてユニセックスな印象に。

Yarn：スムースウール　　**How to make** ▶ 92 page

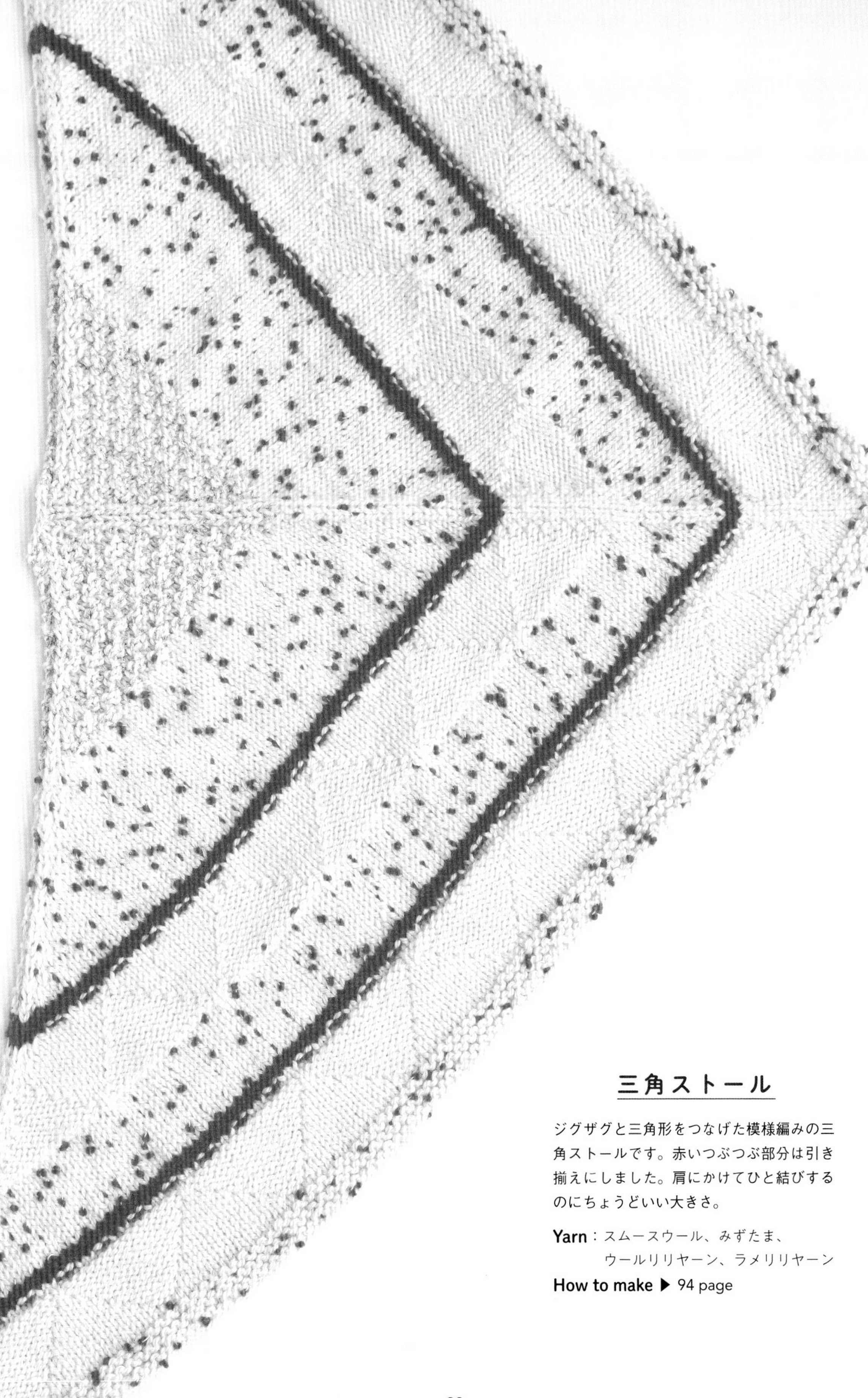

三角ストール

ジグザグと三角形をつなげた模様編みの三角ストールです。赤いつぶつぶ部分は引き揃えにしました。肩にかけてひと結びするのにちょうどいい大きさ。

Yarn：スムースウール、みずたま、ウールリリヤーン、ラメリリヤーン

How to make ▶ 94 page

ベスト

なるべく簡単に編めるようにした真っ直ぐ編みのベスト。肩に沿って落ちるくらいの幅で、いかにもベストではないデザインが着回しがしやすい一着です。杢の引き揃えで横三角形の模様編みです。

Yarn：チェビオットウール、ダルシャン極細　**How to make** ▶ 101 page

図案が楽しい

編み込みとメリヤス刺繍で図案を描きます。表裏編みでも模様は描けますが、色を変えたり具象的なデザインができるのが図案の楽しいところです。

花模様の毛糸のパンツ

縦に並んだ花模様がシンプルでかわいい毛糸のパンツです。リブ部分を長くしてお腹まわりも暖かくすっきりとしたデザインにしました。編み方は 14 ページの毛糸のパンツと同じです。

Yarn：リッチモア パーセント　**How to make** ▶ 109 page

編み込みミトン

シンプルだけどどこかユニークな模様のミトン。縦ラインのデザインは、手をほっそり見せてくれます。どんな色で作ってもかわいくなりそう。

Yarn：リッチモア パーセント　**How to make** ▶ 112 page

パッチワークアームウォーマー

パッチワーク風のデザインのアームウォーマーはメリヤス刺繍で。ピンクとイエローを交互に編んで、グリーンとグレーで三角形の刺繍をしています。いろいろな色合わせで試してみたくなります。

Yarn：やわらかラム　**How to make** ▶ 114 page

ヘアバンド

レース風模様のヘアバンドは、シックな色合わせで甘くなりすぎないように。後ろにゴムを通しているのでサイズの調整もしやすく、長時間つけていても痛くなりません。

Yarn：CASA MILA ｜ **How to make** ▶ 116 page

ベレー帽

リング状に違うデザインが広がるベレー帽。上から見ても横から見ても見栄えのするデザインです。ひと目ずつ入れた蛍光イエローの糸がいいアクセントになっています。

Yarn：CASA MILA Ⅰ、小巻 Café デミ ネオン

How to make ▶ 118 page

ボーダー柄の靴下

複雑なフェアアイル風にも見える靴下ですが、ストライプと矢印を組み合わせた繰り返しのデザインです。色と模様の組み合わせのバリエーションが楽しめます。しっかり厚みがあるので、おうち用の靴下として。

Yarn：やわらかラム、ダルシャン合細モヘア

How to make ▶ 98 page

ドットとストライプの靴下

ありそうでないデザインと色の組み合わせの靴下です。インパクトがあるので派手そうに見えますが、履いてみると意外にしっくりなじみます。

Yarn：リッチモア パーセント　**How to make** ▶ 106 page

あまり糸を使って

必ず出るあまり糸とスワッチは、小物にして無駄なく使いませんか。簡単にすぐできる小物をご紹介します。

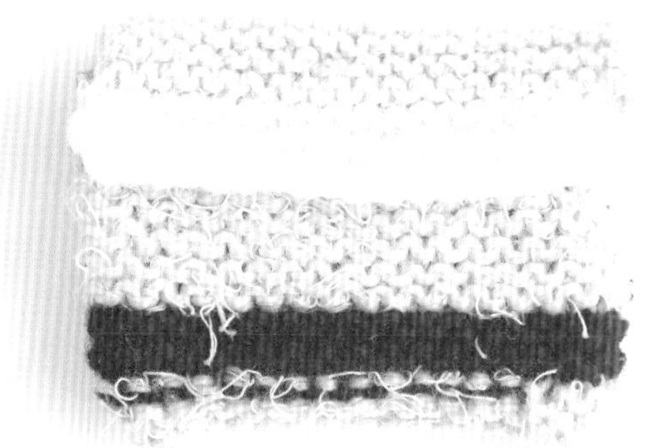

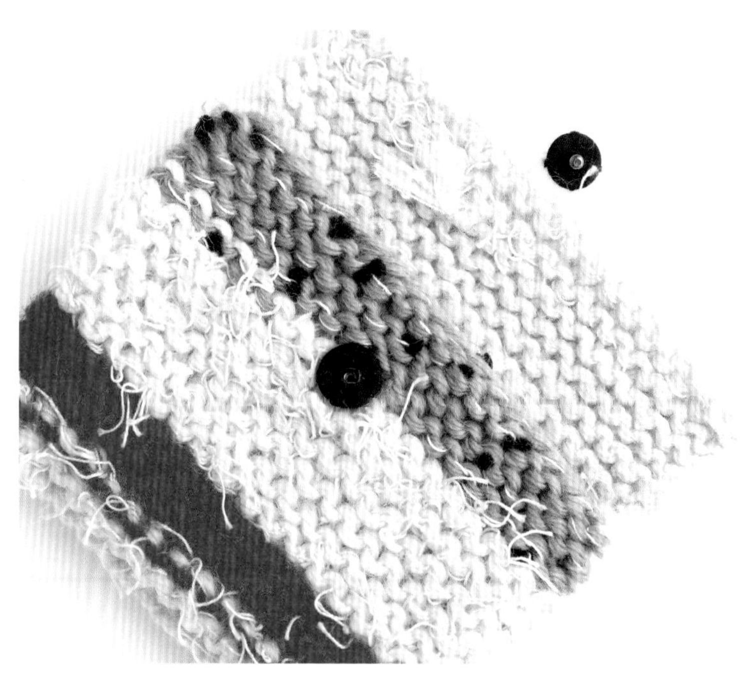

カードケース

ガーター編みで自由に糸を組み合わせて作るカードケース。途中からどんどん糸を変えて一期一会の感覚で作ってみてください。

How to make ▶ 120 page

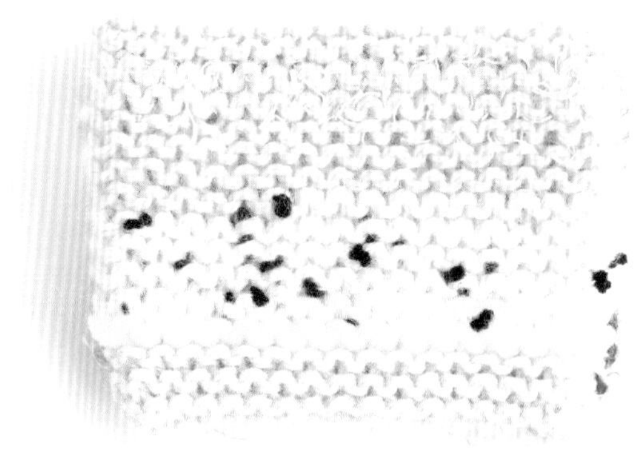

がま口

本体は２本を引き揃えて、糸の飛び出たおもしろさをいかしました。ポンポンは紙のような質感の糸を使って花のようにも見えます。

How to make ▶ 121 page

くま

ゆるく愛らしいくまたち。編み地２枚を縫い合わせて作ります。お腹の中には糸くずなどを詰めて、身近にあるものだけで仕上げます。

How to make ▶ 122 page

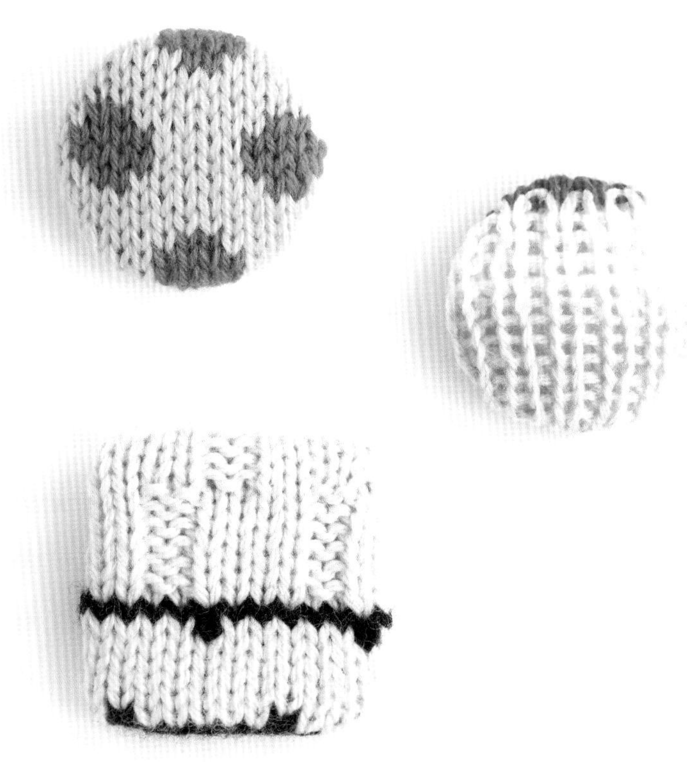

ブローチ

こちらもスワッチで作るブローチ。丸はつつみボタンの芯を使っていますが、四角はプラスチック板や厚紙などを切って芯にしています。

How to make ▶ 123 page

基本の道具

この本の作品を作るときに使う道具です。
このほかにもニットゲージがあると便利です。

ポンポンメーカー
ポンポンが簡単にきれいに作れます。

輪針
棒針をコードでつないだ輪編みに使う針。往復編みのときにも使っています。

4本針
両方が針になっていてどちらからでも編めます。輪に編むときに使用します。

はさみ
糸を切るときに使います。

段目マーカー
目数や段数の目印として、編み目や棒針にかけて使います。

まち針
編み地同士をとめるときなどに。

毛糸とじ針
太くて先が丸くなっています。編み地をとじたり接ぎ合わせたり、糸の始末をするときに。

ほつれ止め
編んでいる途中で、編み地をそのまま休ませたいときに使います。糸などで代用してもかまいません。

メジャー
編んだものやゲージを測るときに使います。

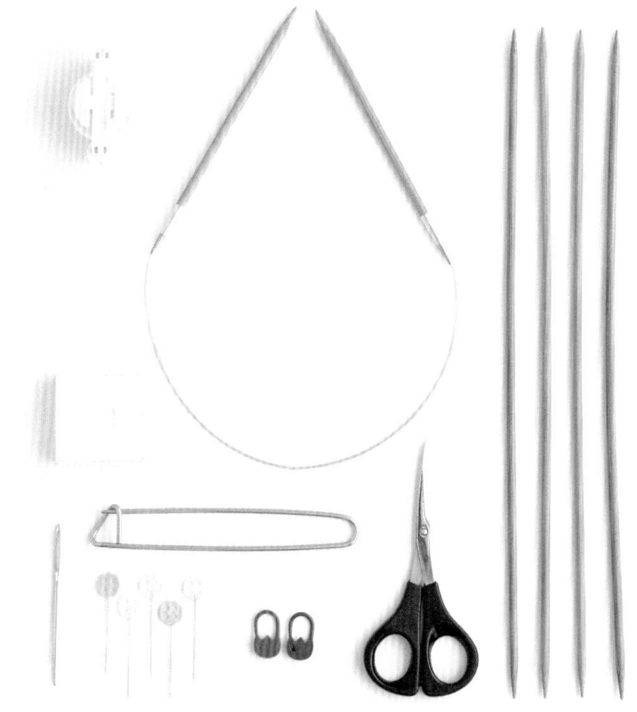

糸一覧

この本で使用した糸を紹介します。メーカー別で、それぞれに作品ページを記載しています。問い合わせ先は128ページをご覧ください。

chocoshoe

ポンポンヤーン
6、16ページに使用。
全5色

AVRIL

ウールリリヤーン
8、10、32ページに使用。
全14色

スムースウール
8、10、30、32ページに使用。
全12色

ラメリリヤーン
32ページに使用。
全13色

スフレモール
8、10ページに使用。
全4色

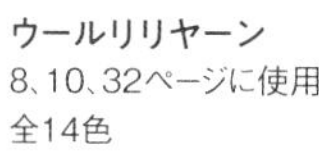

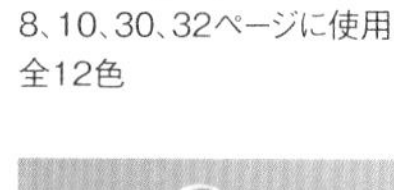

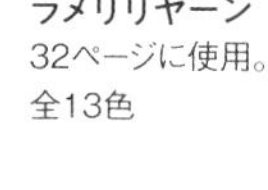

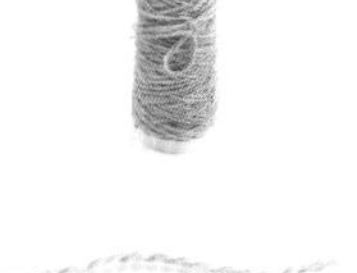

ワッフル
22ページに使用。
全16色

コルクシェニール
6ページに使用。
全6色

みずたま
8、10、12、32ページに使用。
全8色

綿コード
20ページに使用。
全15色

itoito

POMPIDOU I
20ページに使用。
全6色

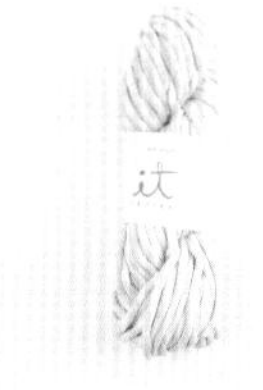

POMPIDOU II
16ページに使用。
全6色

CASA MILA I
42、44ページに使用。
全6色

skógafoss
16ページに使用。
全15色

DARUMA

やわらかラム
6、22、40、46ページに使用。
全32色

スーパーウォッシュメリノ
28ページに使用。
全8色

iroiro Neon
12ページに使用。
全4色

スプラウト
18ページに使用。
全5色

メリノスタイル　並太
24ページに使用。
全19色

ダルシャン　極細
14、22、34ページに使用。
全28色

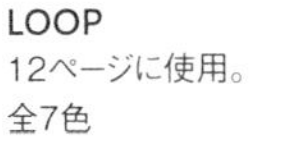

LOOP
12ページに使用。
全7色

チェビオットウール
34ページに使用。
全6色

手つむぎ風タム糸
18ページに使用。
全15色

小巻 Café デミ　ネオン
6、14、20、44ページに使用。
全6色

空気をまぜて糸にした
ウールアルパカ
14ページに使用。
全13色

ダルシャン　合細モヘア
46ページに使用。
全22色

ハマナカ

リッチモア　パーセント
26、36、38、48ページに使用。
全100色

リッチモア
エクセレントモヘア
〈カウント10〉
26ページに使用。
全29色

Lesson.1 12ページのミトンの親指の編み方

この本では2種類のミトンを紹介しており、親指の編み方が違います。
このミトンは親指が横につくタイプです。作品と同じ、引き揃えの2本で編んでいます。

1 親指部分をねじり増し目をしながら5段編み、6目休み目をして続けて指先まで編みます。休み目には糸を通しておきます。

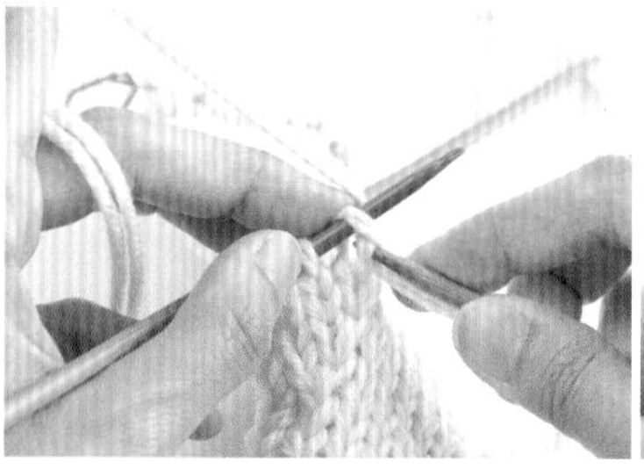

2 親指の休み目を2本の棒針に分け、3本目の棒針で糸をつけて6目編みます。

3 本体の増し目をしたところから1目拾います。針を入れて持ち上げます。

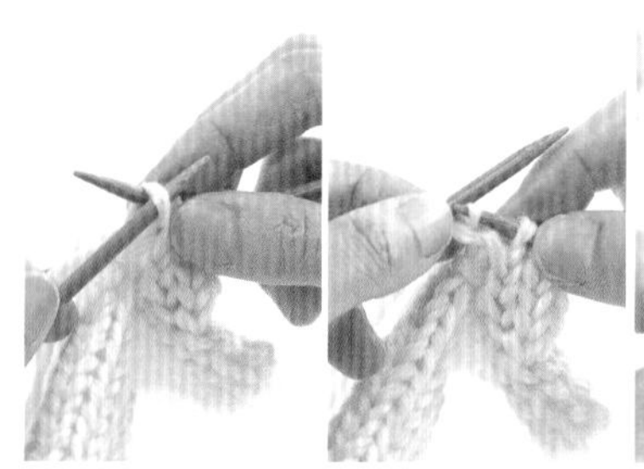

4 針を入れて交差させ、糸をかけて引き抜いてねじり増し目を1目編みます。

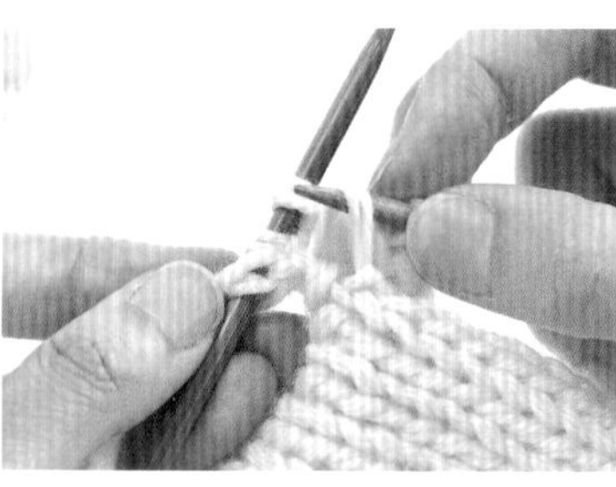

5 次も本体の増し目をしたところからもう1目拾ってねじり増し目をします。

6 これで親指が8目になりました。そのまま10段輪で編み、指先は8目を引き絞ってとじます。

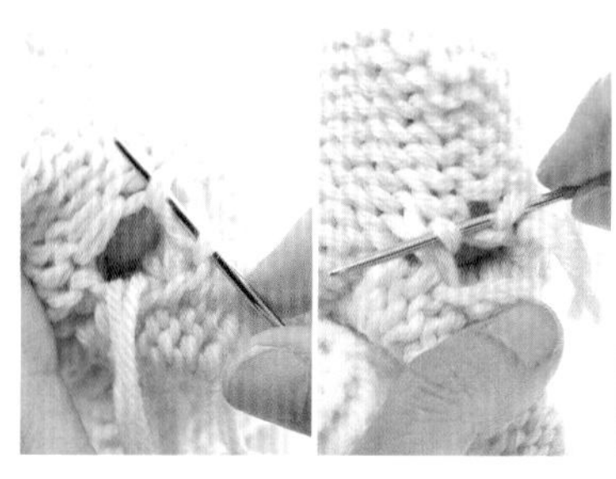

7 親指のつけ根に穴があく場合は、裏返してとじ針に糸を通し、穴の周囲の編み目にくぐらせます。

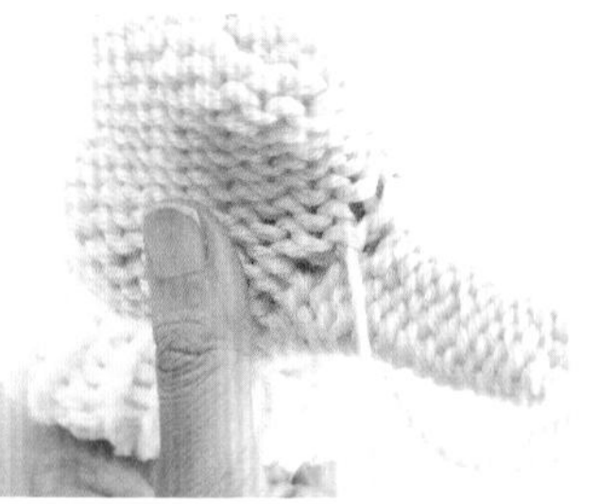

8 糸を引き絞れば、穴がふさがり糸始末も一緒にできます。

9 指先を2周糸を通してとじます。とじ針に糸を通し、1目ずつ飛ばして1周通します。

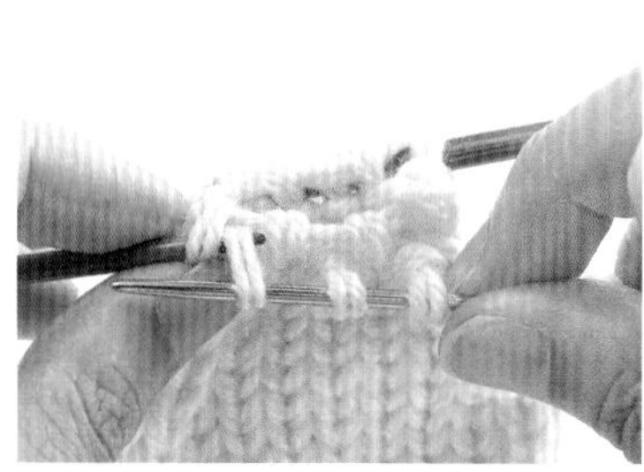

10 もう1周は飛ばした方の目に通し、棒針をはずします。

11 糸を引き絞って穴をとじます。最後は頂点の穴にとじ針を入れて裏に出し、裏の編み目にくぐらせて糸始末をします。

Lesson.2 18ページのトートバッグの編み込みと縦糸の渡し方

糸を変更するときに糸を交差させることで、糸の渡りが落ち着いて、かつきれいに見えます。
編み込みのしかたはどの作品にも共通です。

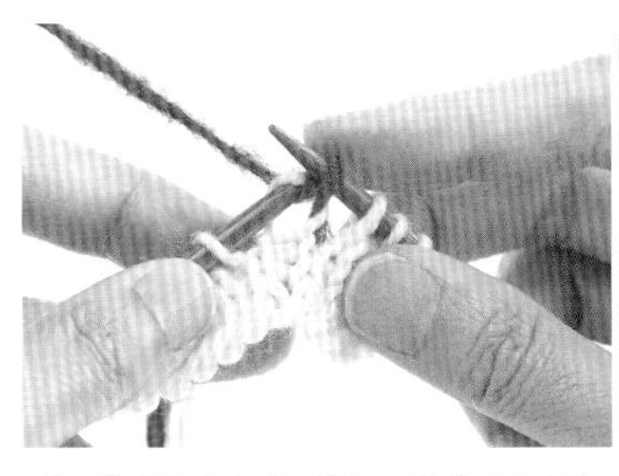

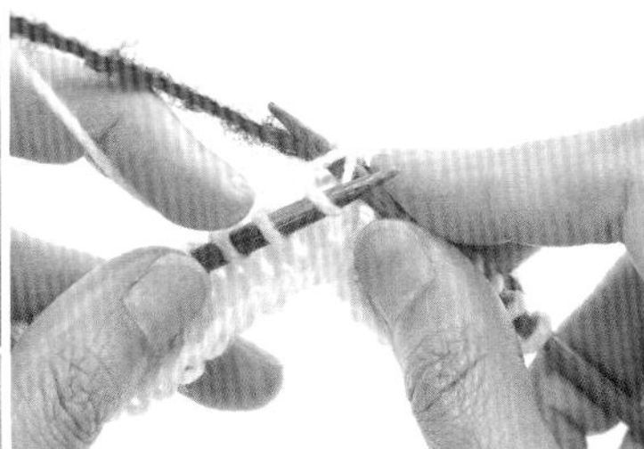

1 糸を変えます。新しい糸をつけ1目編みます。地糸が白、配色糸がピンクです。

2 配色糸で3目編みます。4目めは地糸をおさえて配色糸で編みくるむように編みます。縦糸渡しの3目以上裏に色が渡るときは、このように地糸を編みくるみます。

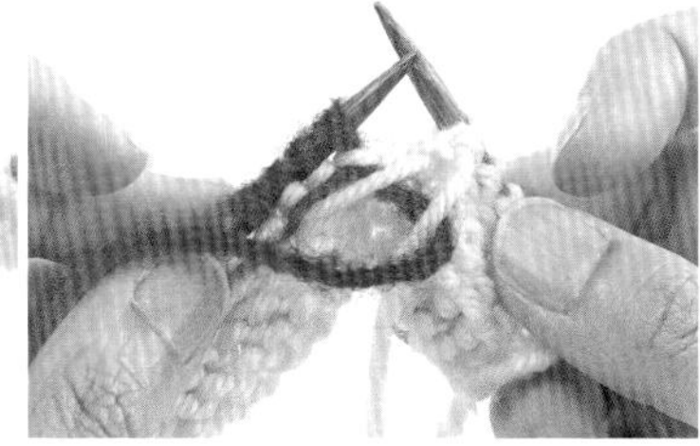

3 そのまま配色糸で編み、地糸に変えて端まで編みます。裏はこのように糸が渡っています。次の段にうつります。

4 次の段を糸の色を変える手前まで編みます。配色糸を地糸にからませ、1目編み進めます。次の目も地糸を下にして裏編みをします。

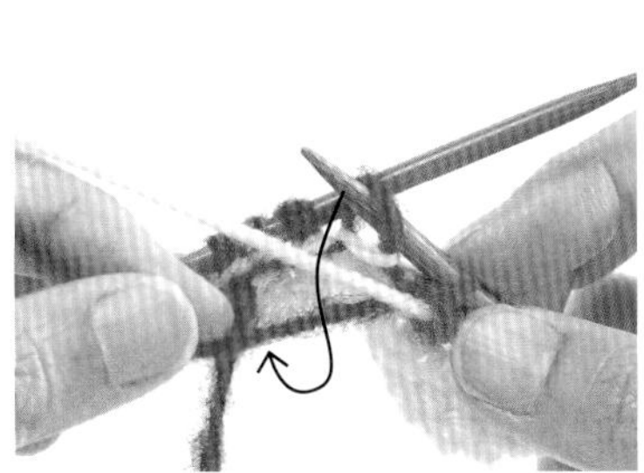

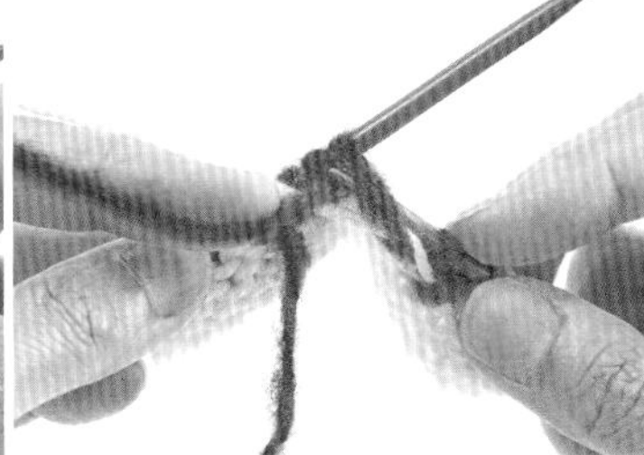

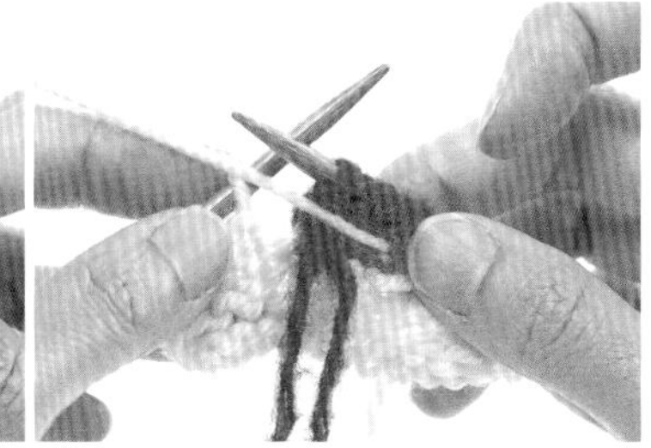

5 同じ糸で編む目が続くときは、3、4目ごとに糸をおさえます。地糸を配色糸で編みくるみます。

6 編み図通りに端まで編み進めます。

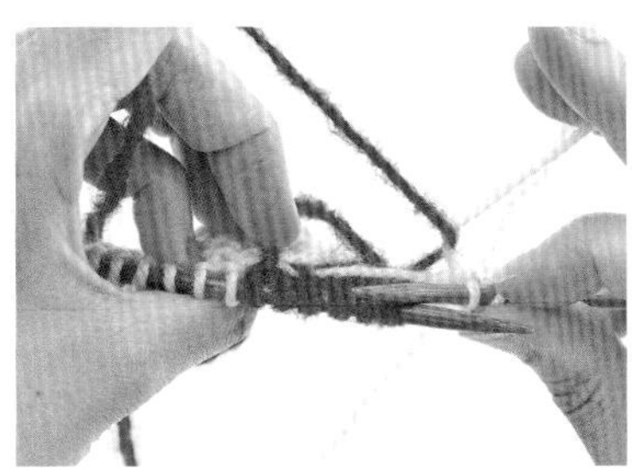

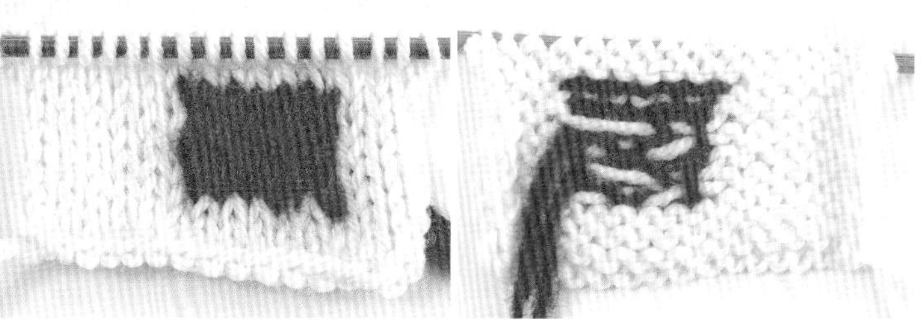

7 次の段も地糸で糸の色を変える手前まで編み進めます。地糸と配色糸を交差させてから配色糸で編みます。

8 糸が変わる部分で糸を交差させることで縦に糸が渡り、すき間があかずにきれいに見えます。

Lesson.3 34ページのベストの襟ぐりの拾い方

両端を15目ずつ、前を14目、後ろを30目拾います。
両端のカーブ部分は、目が等間隔になるように拾っていきます。

1 前は休み目、後ろは伏せ目になっています。端のカーブ部分から目を拾っていきます。

2 新しい糸をつけ、前身頃側の左肩に1目めの針を入れて糸をかけて引き抜いて1目編みます。

3 減らし目の2目一度が見えないように1目内側を拾います。段数と目数が合わないので、とばしながら均等に休み目の手前まで拾います。

4 15目拾いました。次に前の休み目部分を編みます。

5 休み目を棒針に通し、14目通りに表目を編みます。

6 もう片方の端のカーブ部分も同様に15目拾って編みます。次は後ろの伏せ目を拾います。

7 そのまま後ろの伏せ目を拾うとすき間があくので、後ろ身頃の伏せ目との間を1目拾って編みます。

8 後ろの拾う場所は、伏せている下に針を入れ、糸をかけて引き抜いて1目編みます。続けて28目編みます。

9 最後はかぶせはぎをしている最後の目に針を入れて拾います。

10 これで均等に74目拾えました。襟を1目ゴム編みします。

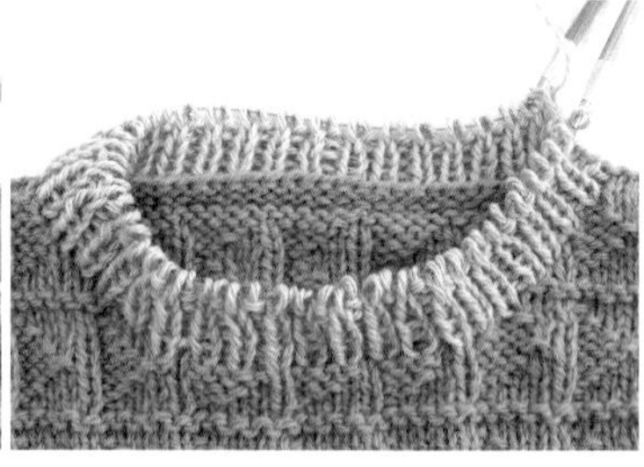

11 6段ゴム編みができました。最後は1目ゴム編み止めで始末をします。

12 とじ針に糸を通し、編み終わりの次の1目め(表編み)に通します。

13 2目め(裏編み)に左から右に針を通します。

14 1目めに戻って右から左に通し、2目めをとばして3目め(表編み)に右から左に通します。

15 2目めに戻って手前から奥に通し、3目めをとばして4目め(裏編み)に左から右に通します。

16 このように1目とばして表編み同士、戻って裏編み同士に通すことを繰り返します。

17 最後は1目めに針を入れます。

18 戻って裏編みと2目めの裏編みに針を入れて抜きます。

19 1目ゴム編み止めができました。裏で糸始末をします。

Lesson.4　38ページのミトンの親指の編み方

別糸を編み込んで親指を編む方法です。手のひら側に親指がつきます。
親指はわかりやすいように違う色の糸で編んでいます。

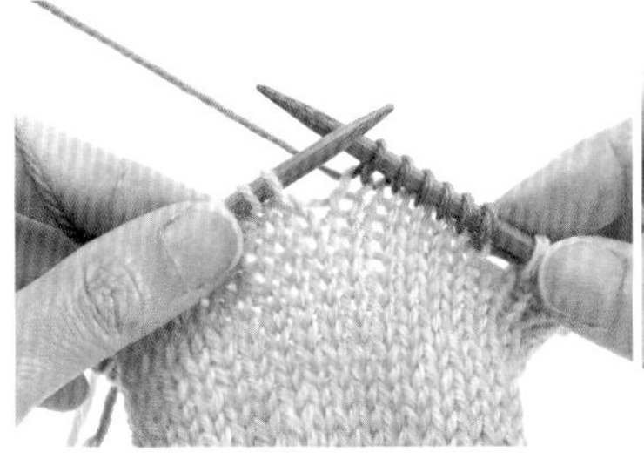

1 右手を編みます。31段まで編み図通りに編みます。32段目は1目編み、別糸をつけて6目編みます。

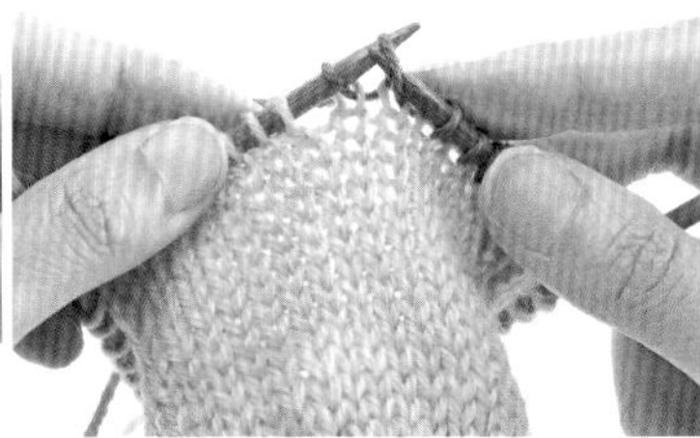

2 別糸で編んだ6目を左の針ですくって移します。

3 6目移動できました。別糸は少し残してカットします。

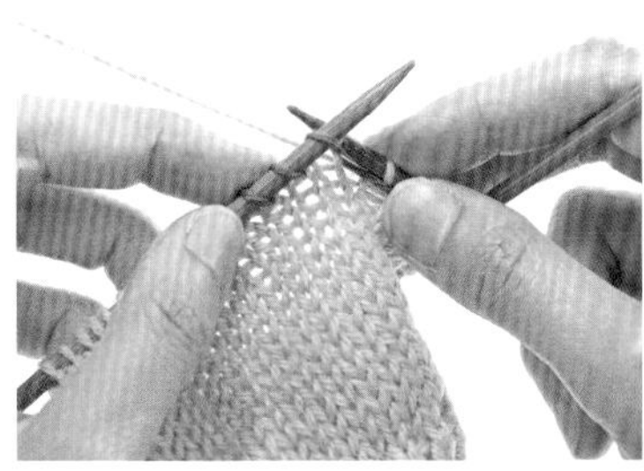

4 移した別糸の上から、編み図通りに続きを編みます。

5 そのまま編み図通りに減らし目をしながら指先まで編みます。

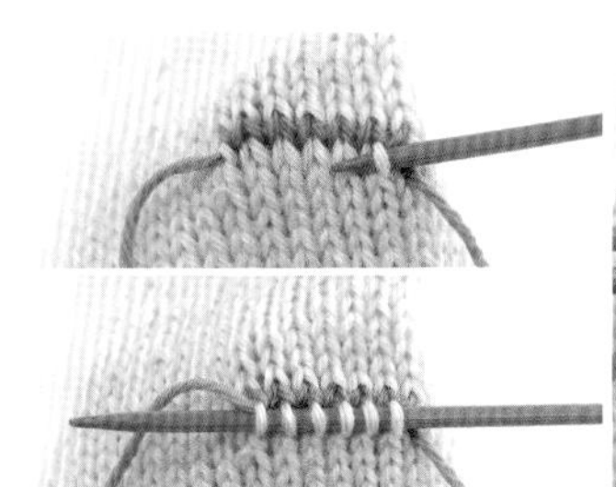

6 親指を編みます。別糸の下を6目拾って棒針に通します。

7 次に別糸の上を7目拾って棒針に通します。

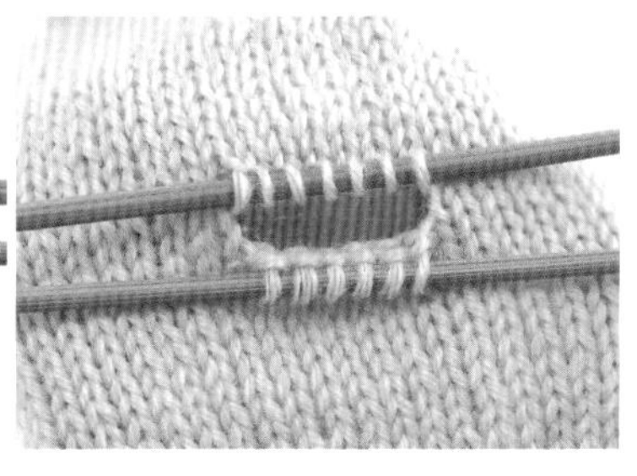

8 別糸の編み目に別の棒針やとじ針で糸を引き出して抜きます。

9 拾った目を編みます。新しく糸をつけ、下の6目から3本目の棒針で編みます。

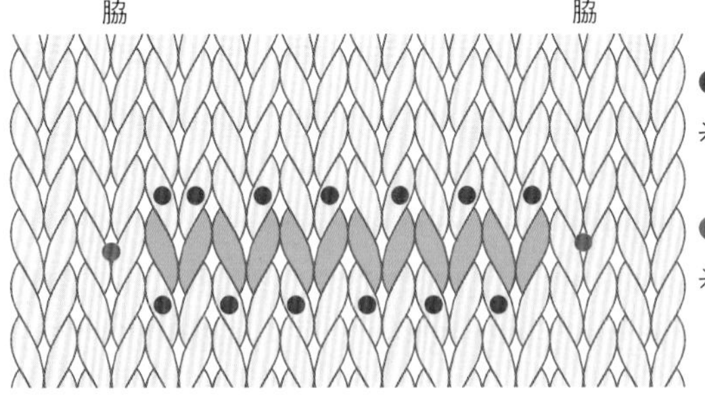

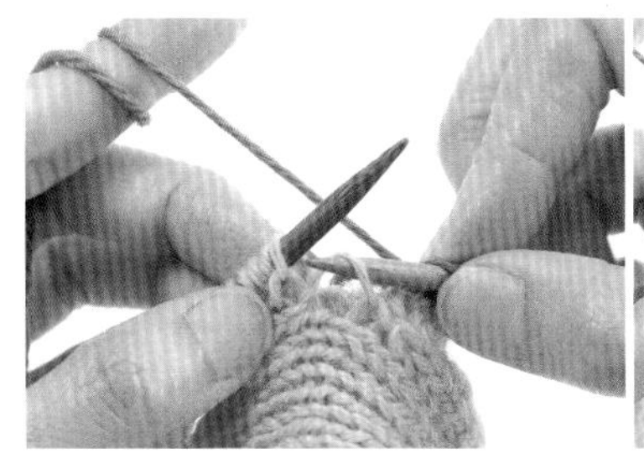

10 6目編んだら脇の目を拾います。脇の糸に針を入れて持ち上げます。

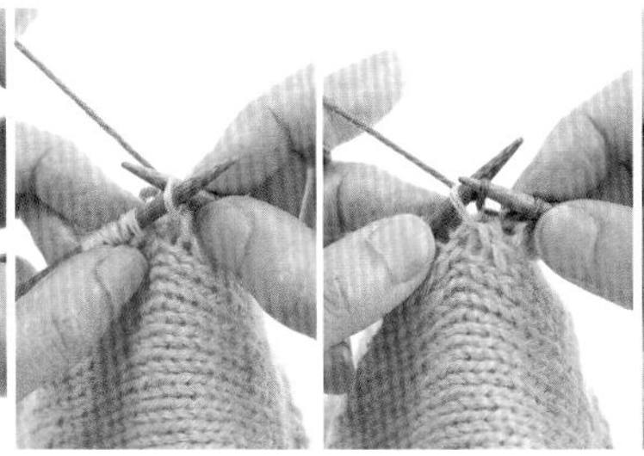

11 左の針を入れて交差させ、糸をかけて引き抜いて1目ねじり増し目をします。続けて上の7目を編みます。

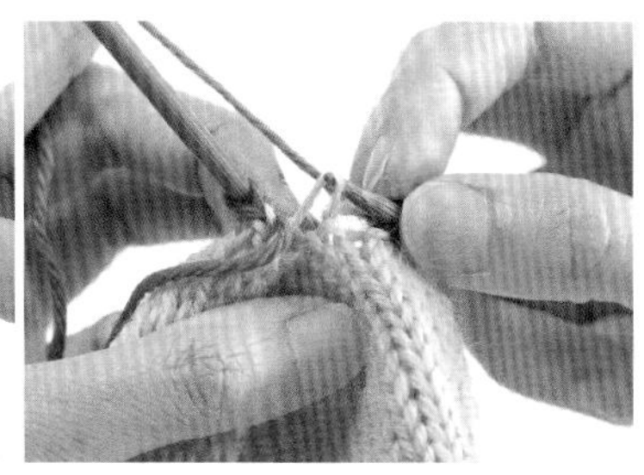

12 上の7目を編んだら脇の目を拾います。脇の糸に針を入れて持ち上げ、11と同様に編みます。

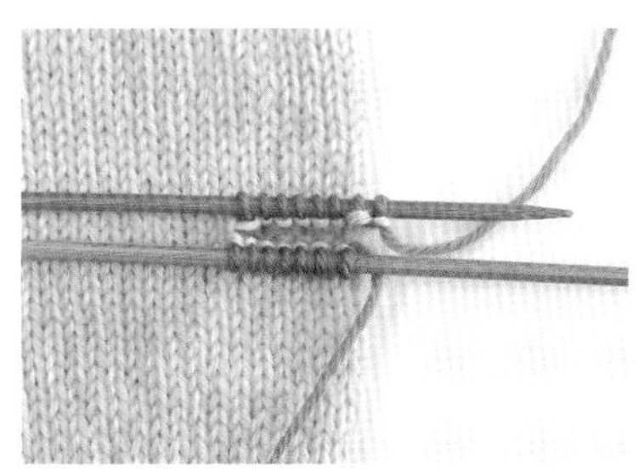

13 下7目、上8目になりました。そのままぐるぐると親指を編みます。

Lesson.5 引き揃えのしかた

この本では2本の異なる糸を揃えて一緒に編む、引き揃えをしている作品がたくさんあります。
糸の質感や色の組み合わせで新たな表現がうまれます。

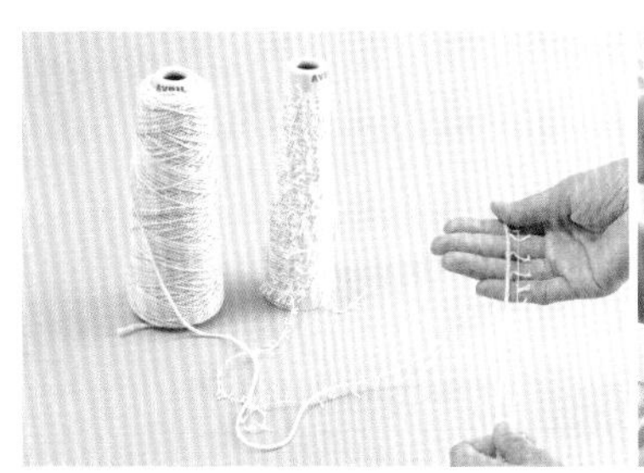

1 2本の糸を引き出してたるまないように合わせます。

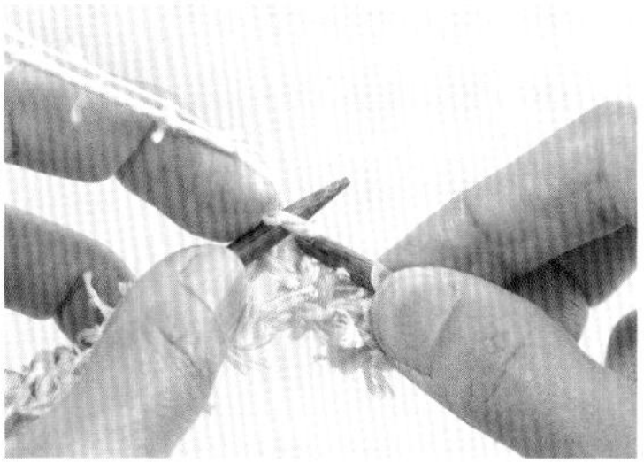

2 そのまま通常通りに編みます。からまりやすくなるので、2本をきちんと合わせるようにします。

Lesson.6　48ページの靴下のかかとの編み方

60ページのミトンの別糸をはさむ編み方と同じです。

かかとの目が拾えたら減らし目をしながら編み、最後はメリヤスはぎでとじます。28、46ページの靴下も同じです。

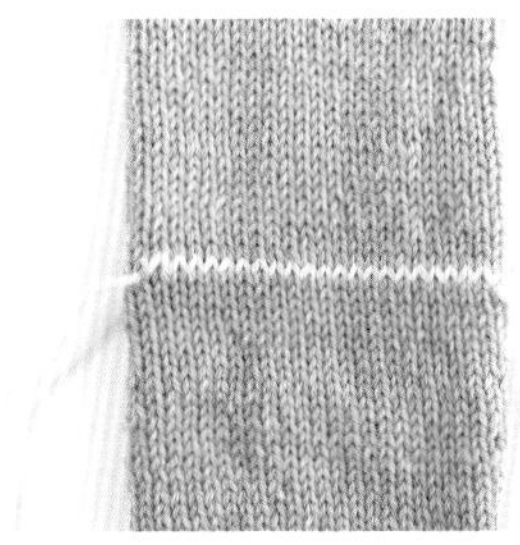

1　60ページと同様に別糸をはさんで編みます。別糸の部分は22目です。

2　別糸の下を22目、上を23目拾って棒針に通します。

3　別糸の編み目に別の棒針やとじ針で糸を引き出して抜きます。

4　拾った目を編みます。新しく糸をつけ、下の22目を3本目の棒針で編みます。22目編んだら脇の目を拾います。脇の糸に針を入れて持ち上げます。

5　左の針を入れて交差させ、糸をかけて引き抜いてねじり増し目を1目編みます。続けて上の23目を編みます。

6　23目編んだら脇の目を拾います。脇の糸に針を入れて持ち上げます。

7　左の針を入れて交差させ、糸をかけて引き抜いてねじり増し目を1目編みます。

8　もう1目脇の目を拾い、同様にねじり増し目を1目編みます。かかとが48目になりました。

9　表目を1目編みます。

10　右上2目一度の減らし目をします。手前から奥に針を入れ、糸をかけずにそのまま右の針に目(1目め)を移します。

11　次の目(2目め)に針を入れ、表目を編みます。

12　左の針を10で移した1目めに入れます。奥まで差し込まずに手前の糸だけをすくい、左の針で糸を持ち上げて2目めの上を通します。

13 左の針を抜いて1目めを2目めにかぶせます。1段下の右の目が左の目に重なった状態です。

14 編み図の通りに編み、左上2目一度の減らし目をします。2目まとめて針を入れ、表目を編みます。

15 左の針をはずせば減らし目の完成です。

16 このように減らし目をしながら9段編みます。

17 最後はメリヤスはぎでとじます。

Lesson.7 40ページのアームウォーマーのメリヤス刺繍のしかた

とじ針に糸を通し、メリヤス編みの上に目の形と同じように刺します。
14ページの毛糸のパンツは半目ずれて刺します。

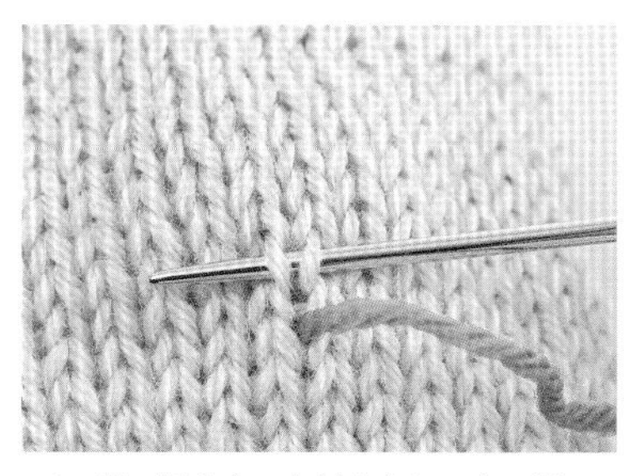

1 目の下中心から針を出し、上の目の左右の糸をすくって糸を引きます。

2 1の下中心と同じ位置に針を入れ、上の目の下中心に針を出します。これで1目できました。

3 これを繰り返して刺し進めます。

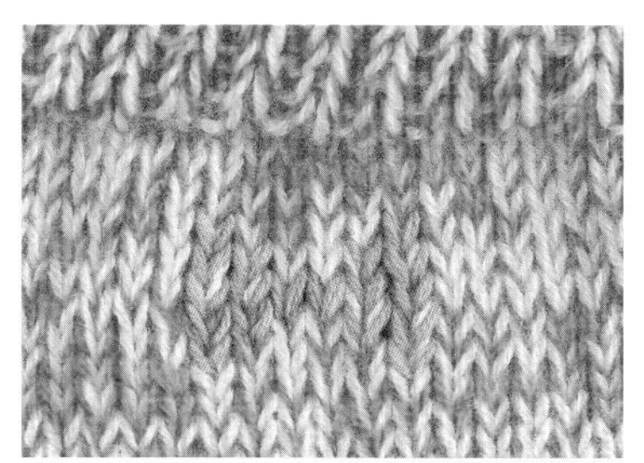

14ページの毛糸のパンツはゴム部分から編み始めるので上下逆になります。リボンのメリヤス刺繍を刺すときは、半目ずれた位置から刺し始めます。

Lesson.8　52ページのくまの作り方

大きめのスワッチなどの編み地を利用して作る簡単なくまのマスコットです。
ミシンでも手縫いでもかまいません。

1 編み地2枚を中表に合わせ、くまの型紙を乗せてまち針でとめます。

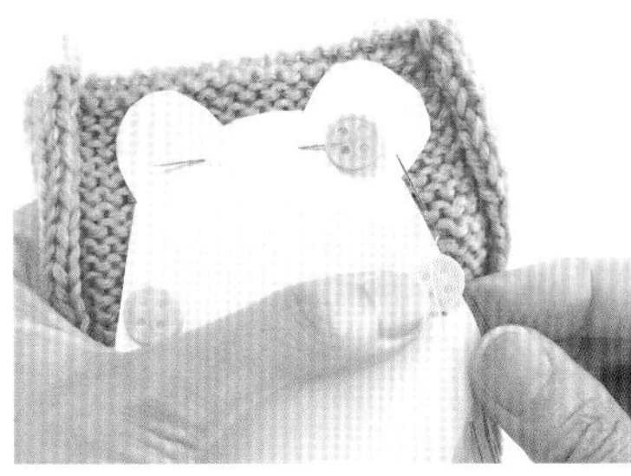

2 縫い針に縫い糸を通し、型紙に沿って返し縫いで縫います。脇に返し口を残します。

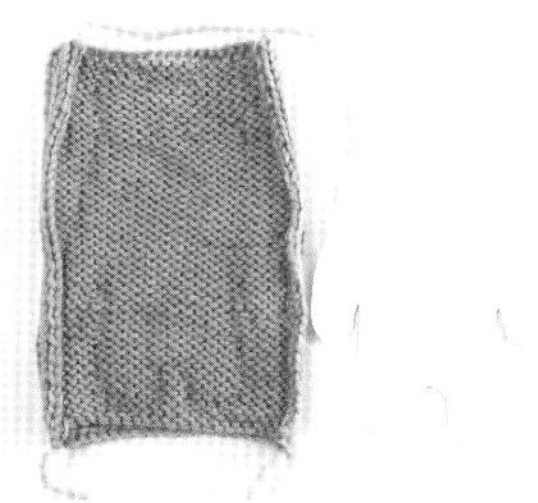

3 縫えたら型紙をはずします。

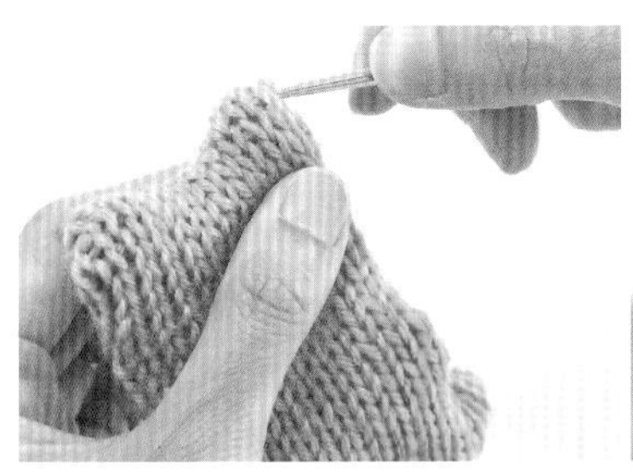

4 返し口から表に返し、耳などを目打ちできれいに引き出します。

5 中に残り糸などを詰めます。もちろん手芸綿を詰めてもかまいません。

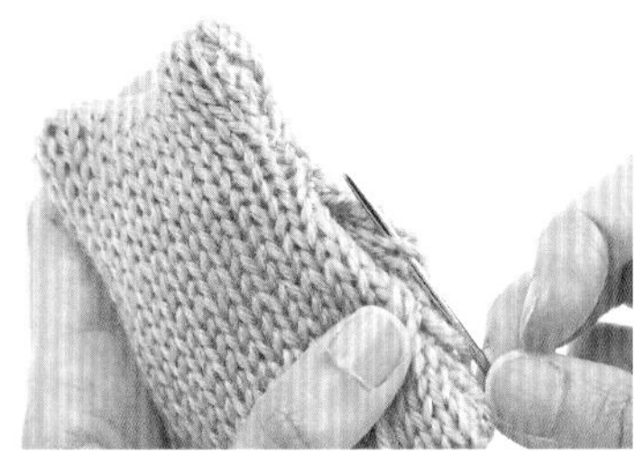

6 返し口をすくいとじでとじます。

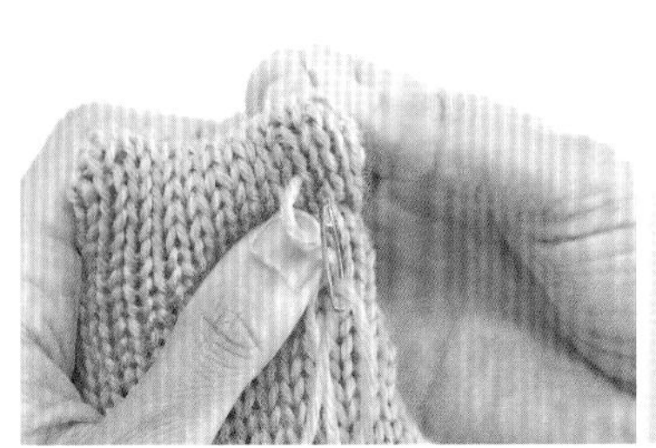

7 とじ針に編み地と同じ糸を通して、耳の下を返し縫いをして段差をつけます。

8 顔を自由に刺繍すれば完成です。

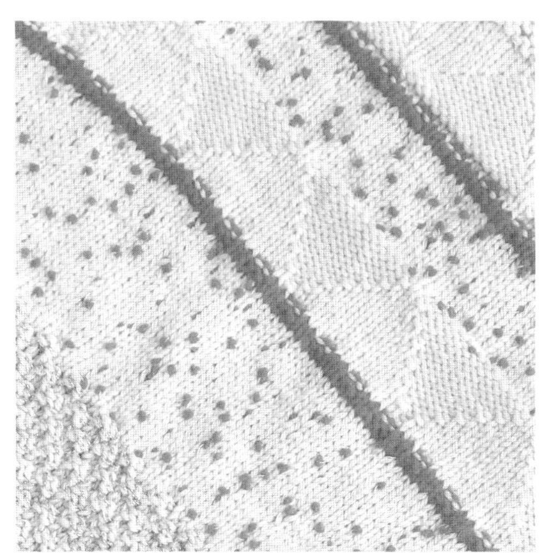

How to make

編み方

- 図中の数字の単位は cm です。
- 作品の出来上がりは、図の寸法と差の出ることがあります。
- 糸はメーカー名、商品名、色名、色番号、必要量の順に表記しています。
- ゲージは 10cm 四方の中の目数と段数をあらわしています。
- 輪に編むときは、4 本針か輪針のどちらでもかまいません。
- 材料は足りる分量を表記していますが、少し多めの量をご用意ください。靴下などは一足分、ミトンなどは一組分です。

6 page　アームウォーマー

材料と道具

▶糸
a　DARUMA　やわらかラム　ウォーターブルー（10）　12.5g
b　AVRIL　コルクシェニール　ホワイト（01）　3.5g
c　DARUMA　やわらかラム　ホワイト（1）　10g
d　chocoshoe　ポンポンヤーン　ライトブルー　3g
e　DARUMA　小巻Café デミ ネオン　オレンジ（204）　4.5g
▶針
6号棒針

ゲージ

a糸1目ゴム編み30目×29段（10cm四方）

出来上がり寸法

丈20cm幅ぐるり16cm

編み方

① すべて1目ゴム編みで編む。
② a糸1本取りで作り目を50目作り、24段編む。
③ b糸1本取りに変えて6段編む。
④ c糸とd糸の引き揃え2本取りに変えて20段編む。
⑤ e糸1本取りに変えて8段編み、伏せ止めをする。
⑥ 端を親指位置を残してすくいとじをする。

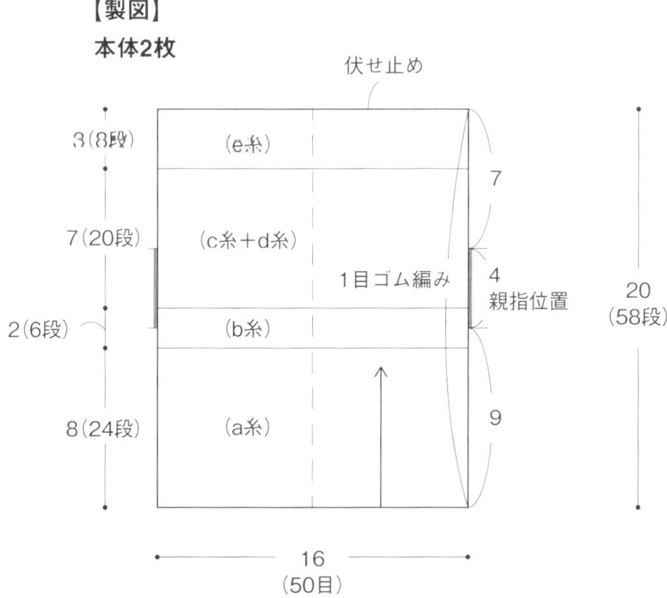

【編み図】

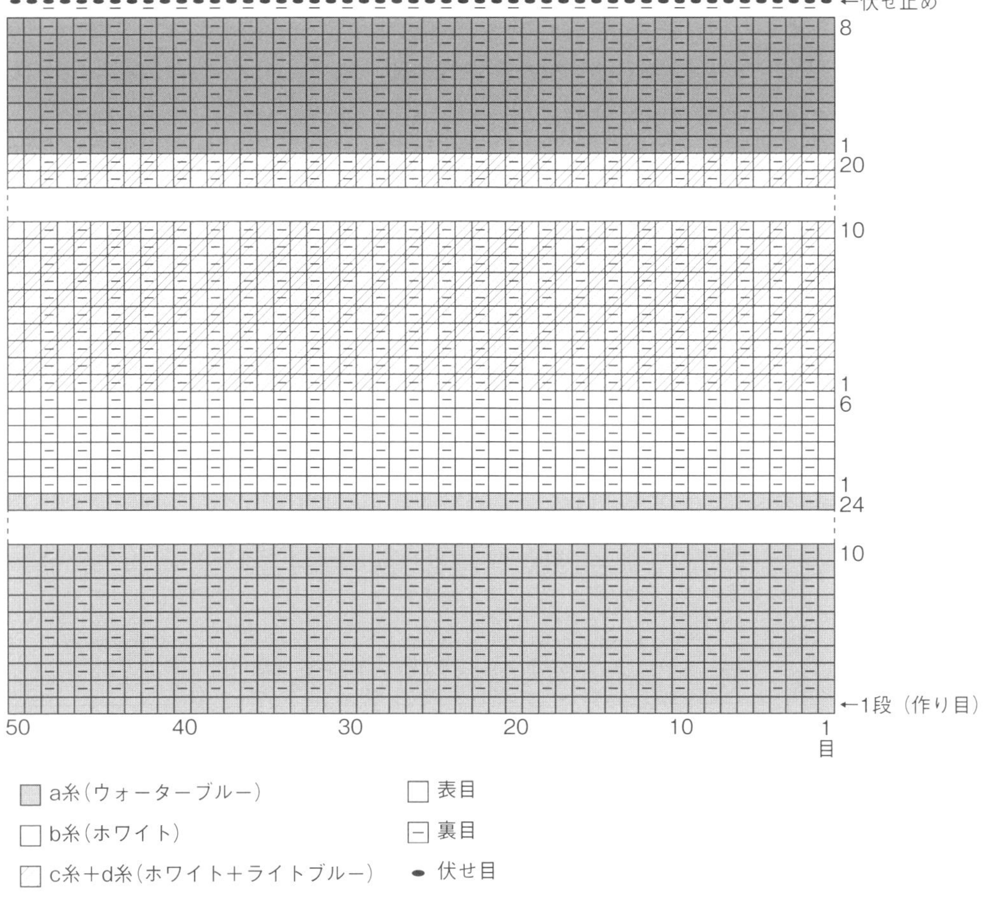
←伏せ止め
8
1
20
10
1
6
1
24
10
←1段（作り目）
50
40
30
20
10
1
目
a糸（ウォーターブルー）
b糸（ホワイト）
c糸＋d糸（ホワイト＋ライトブルー）
e糸（オレンジ）
表目
裏目
伏せ目

8 page　**ネックウォーマー**

材料と道具

▶糸
a　AVRIL　ウールリリヤーン　オートミール(170)　22g
b　AVRIL　スムースウール　エメラルド(04)　23.5g
c　AVRIL　スフレモール　ペールピンク(183)　16g
d　AVRIL　みずたま　くろつぶ(181)　5.5g
▶針
7号輪針

ゲージ

模様編み21目×32段(10cm四方)

出来上がり寸法

丈25cm幅ぐるり48cm

編み方

①a糸1本取りで作り目を100目作り、輪にして1目ゴム編みで5段編む。
②b糸1本取りに変えて模様編みで26段編む。
③c糸1本取りに変えてメリヤス編みで16段編む。
④a糸とd糸の引き揃え2本取りに変えてガーター編みで20段編む。
⑤a糸1本取りに変えて1目ゴム編みで5段編み、伏せ止めをする。

【製図】
本体

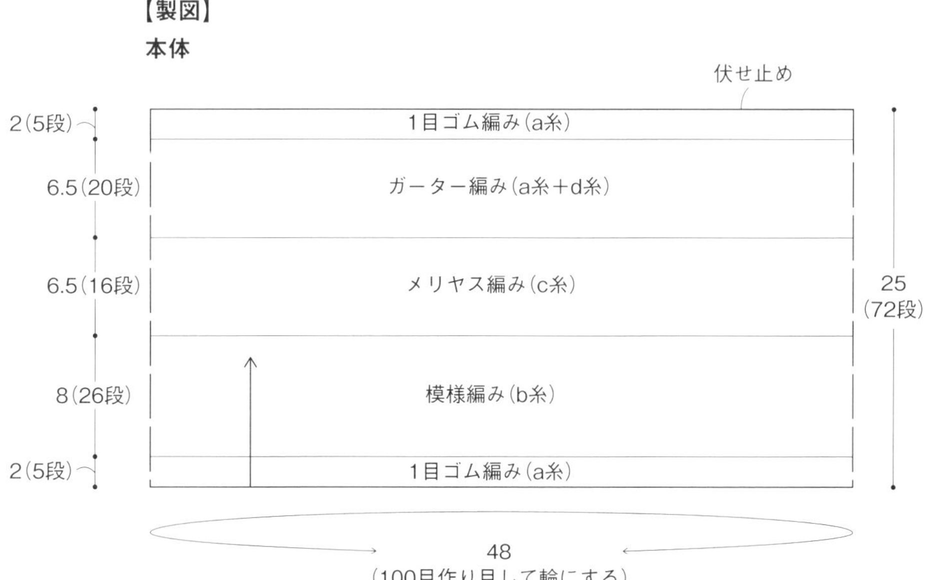

【編み図】

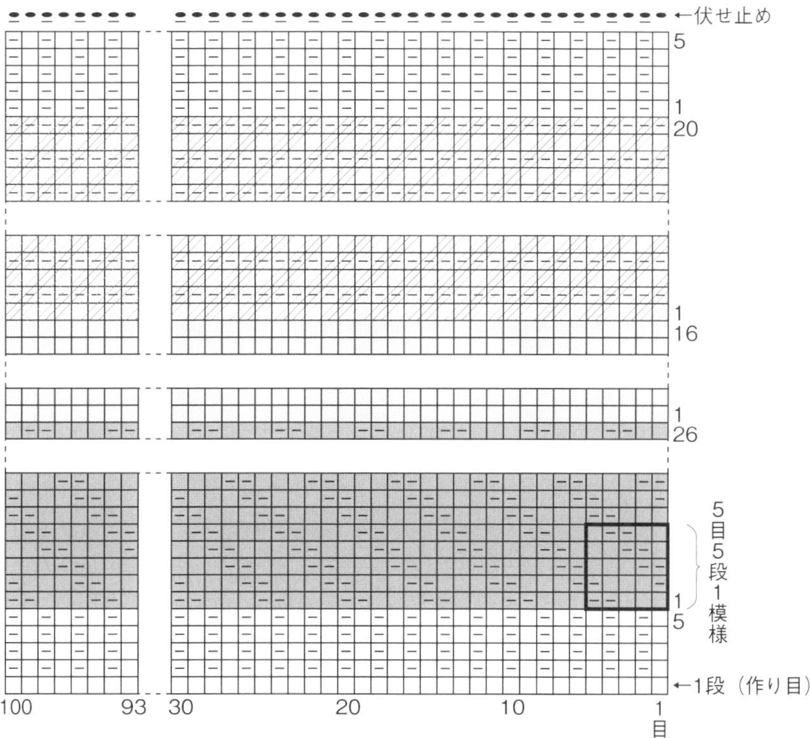

□ a糸（オートミール）

■ b糸（エメラルド）

□ c糸（ペールピンク）

□ a糸＋d糸（オートミール＋くろつぶ）

□ 表目

⊟ 裏目

● 伏せ目

10 page　レッグウォーマー

材料と道具

▶糸
a　AVRIL　ウールリリヤーン　オートミール(170)　21g
b　AVRIL　スムースウール　エメラルド(04)　24g
c　AVRIL　スフレモール　ペールピンク(183)　15.5g
d　AVRIL　みずたま　くろつぶ(181)　4.5g
e　AVRIL　ウールリリヤーン　フラミンゴ(174)　6.5g
▶針
7号輪針(または4本棒針)

ゲージ

模様編みA 21目×32段(10cm四方)

出来上がり寸法

丈35.5cm幅ぐるり20cm

編み方

①a糸1本取りで作り目を38目作り、輪にして1目ゴム編みで6段編む。
②b糸1本取りに変えて模様編みAで18段編む。
③a糸とd糸の引き揃え2本取りに変えてガーター編みで14段編む。
④c糸1本取りに変えてメリヤス編みで8段編む。
⑤e糸1本取りに変えて模様編みBで10段編む。
⑥b糸1本取りに変えて模様編みAで16段編む。
⑦c糸1本取りに変えてメリヤス編みで10段編む。
⑧a糸とd糸の引き揃え2本取りに変えてメリヤス編みで5段編み、e糸1本取りのメリヤス裏編みを1段挟んで編み、またa糸とd糸の引き揃え2本取りのメリヤス編みで5段編む。
⑨a糸1本取りに変えて1目ゴム編みで10段編み、1目ゴム編み止めをする。

【製図】
本体2枚

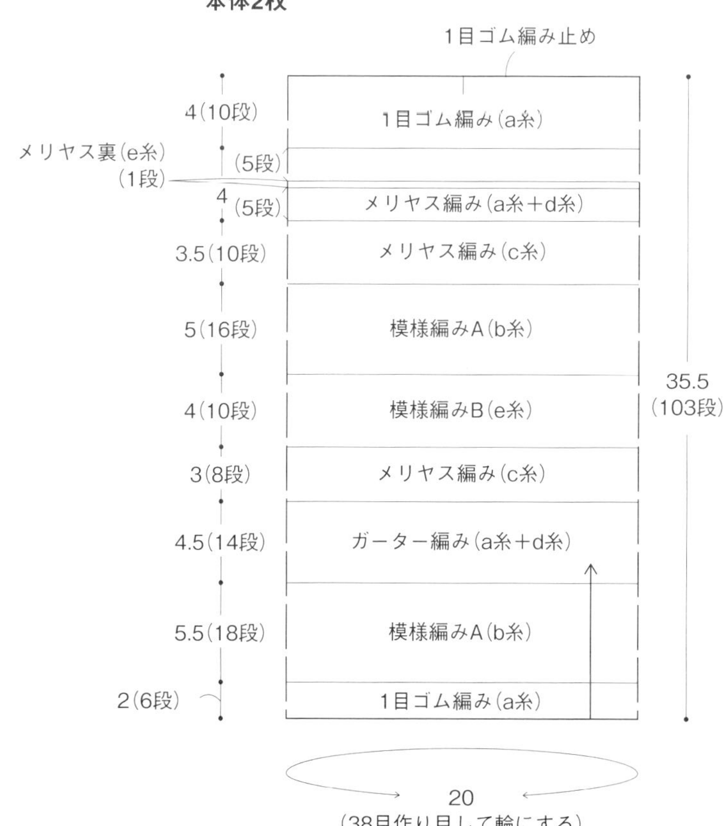

【編み図】

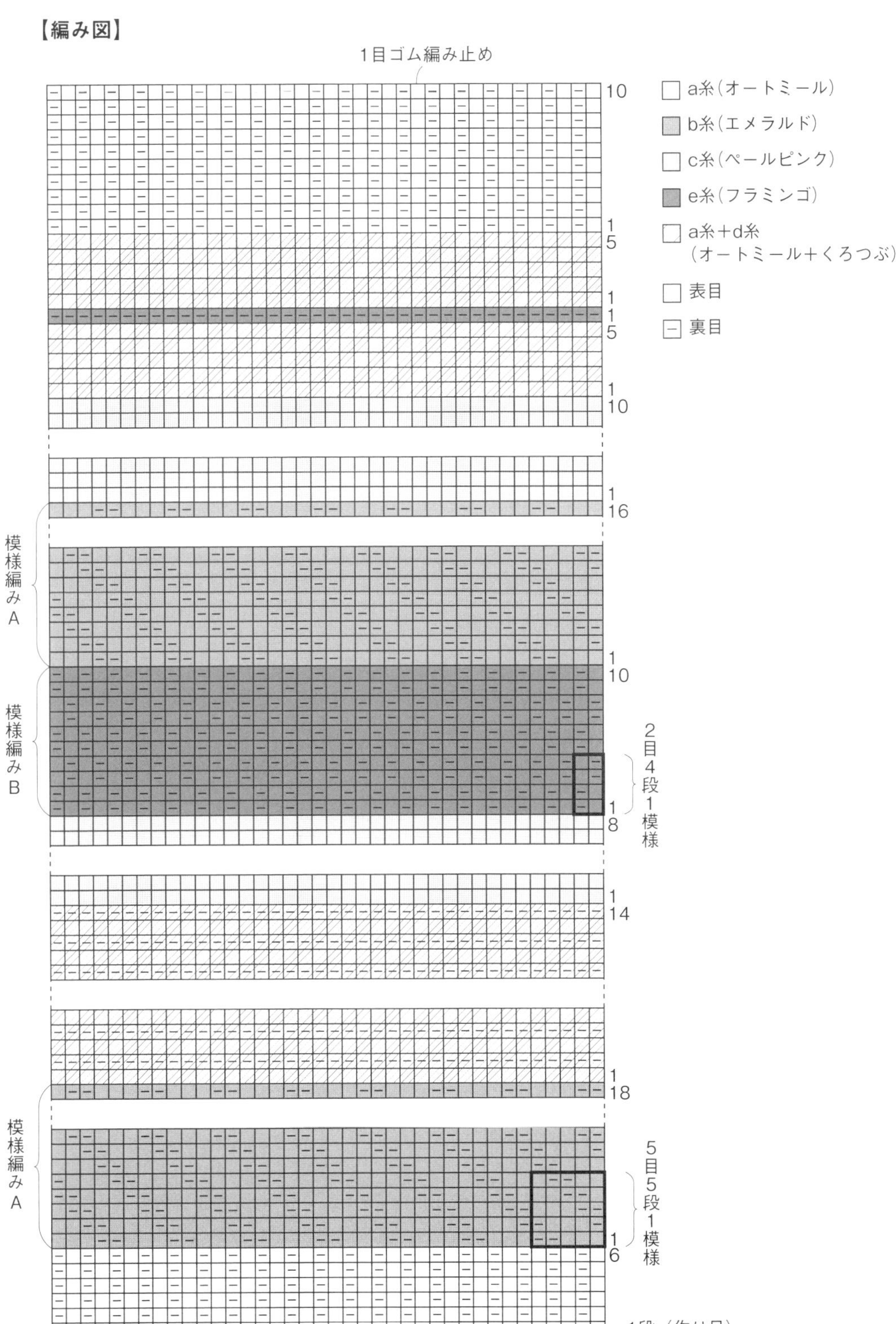
1目ゴム編み止め
a糸（オートミール）
b糸（エメラルド）
c糸（ペールピンク）
e糸（フラミンゴ）
a糸＋d糸
（オートミール＋くろつぶ）
表目
裏目
模様編みA
模様編みB
模様編みA
2目4段1模様
5目5段1模様
←1段（作り目）
38
30
20
10
1目

モコモコミトン

材料と道具

▶糸
a　DARUMA　LOOP　きなり(1)　32.5g
b　DARUMA　iroiro Neon　ネオンイエロー(201)　8.5g
c　AVRIL　みずたま　くろつぶ(181)　5.5g
▶針
14号4本棒針

ゲージ

a糸＋c糸メリヤス編み11目×16段(10cm四方)

出来上がり寸法

長さ25cm手のひらまわり20cm

編み方

56ページ参照。
①b糸1本取りで作り目を22目作り、輪にして1目ゴム編みで8段編む。
②a糸とc糸の引き揃え2本取りに変えてメリヤス編みで6段編み、増し目をしながら親指部分を5段編む。
③親指部分が編めたら6目休み目をして13段編む。
④33段目から減らし目をしながら指先部分を編み、残り14目に糸を通して引き絞って仕上げる。
⑤親指は3本の針に目を分け、糸をつけて6目編み、本体の増し目をしたところから2目拾って8目にする。輪にして10段編み、8目に糸を通して引き絞って仕上げる。

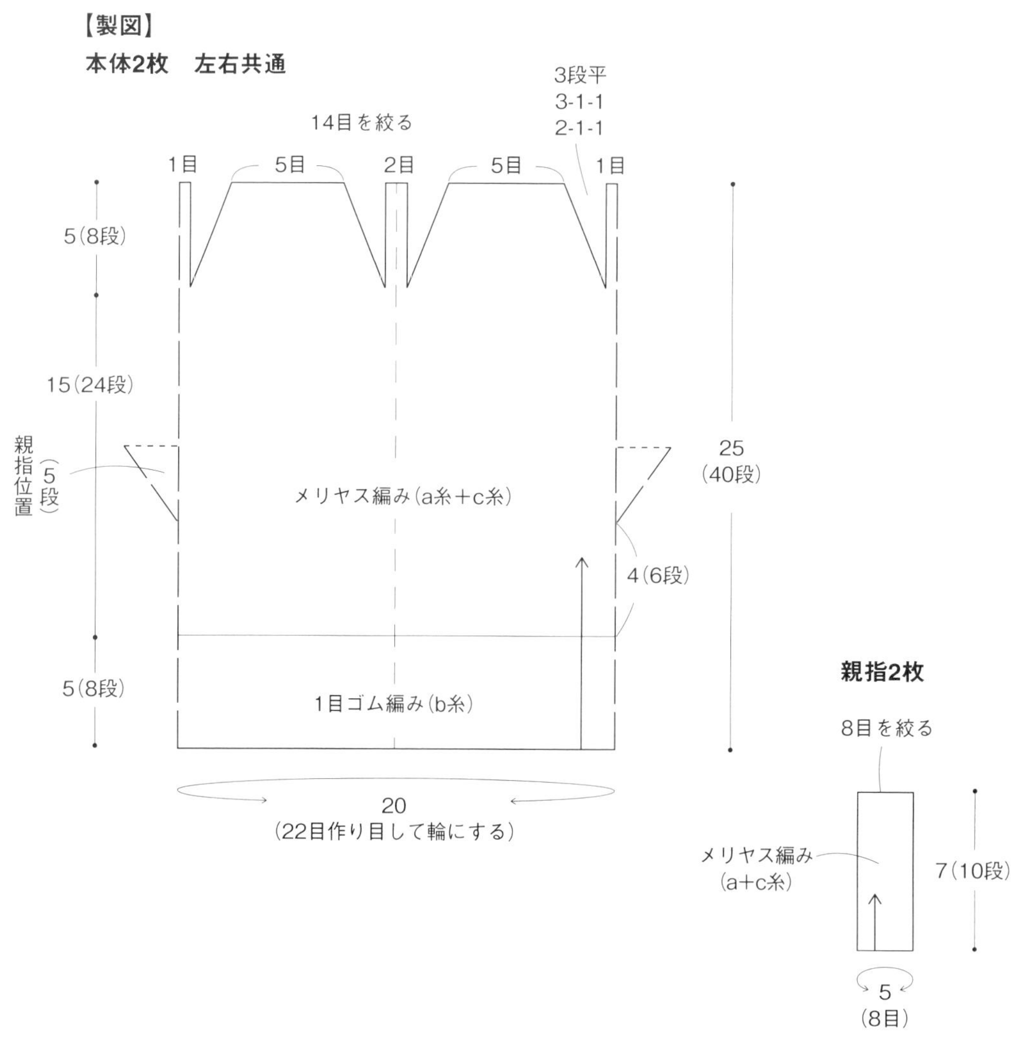

【編み図】

本体

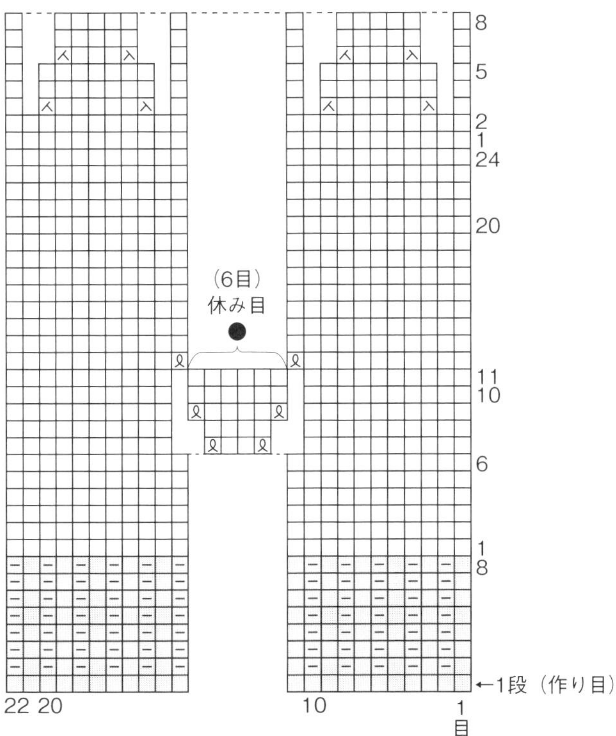

親指

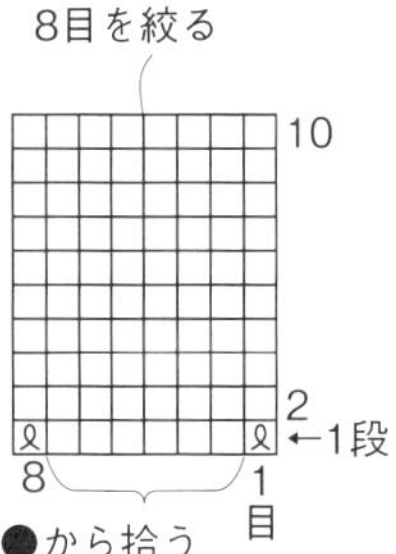

□ a糸＋c糸（きなり＋くろつぶ）

□ b糸（ネオンイエロー）

□ 表目

⊟ 裏目

入 右上2目一度

人 左上2目一度

ℓ ねじり増し目

20 page　巾着バッグ

材料と道具

▶糸
a　itoito　POMPIDOU Ⅰ　オフホワイト(41)　143g
b　AVRIL　綿コード　ピンク(60)　19g
c　DARUMA　小巻Café デミ ネオン　イエロー(201)　3g
▶針
4・10号棒針

ゲージ

模様編み 17.5目×22.5段(10cm四方)

出来上がり寸法

縦26cm横30cm

編み方

① a糸1本取りで10号棒針で作り目を53目作り、模様編みで54段、メリヤス編みで16段編み、伏せ止めをする。これを2枚編む。
② 2枚を外表に合わせて底を巻きかがり、脇をすくいとじをする。
③ 口を内側に折って巻きかがりをし、ひも通しを作る。
④ ひもをメリヤス編みで作る。c糸1本取りで4号棒針で10段編み、b糸1本取りに変えてメリヤス裏編みで190段編み、c糸1本取りに変えてメリヤス表編みで10段編んで伏せ止めをする。これを2本編む。
⑤ 本体のひも通しに通し、端を結ぶ。

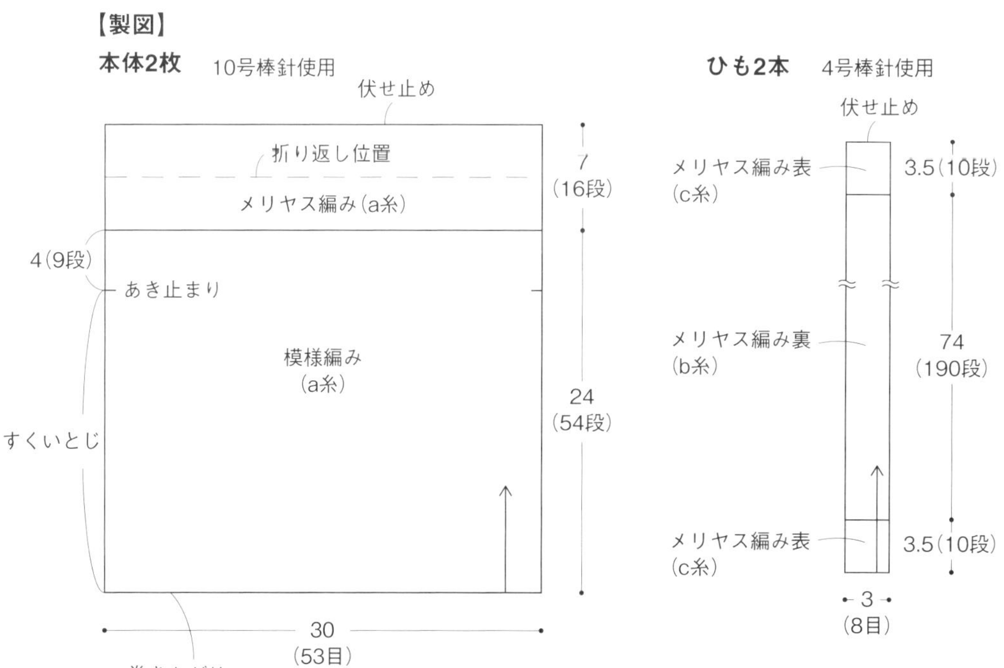

【仕立て方】

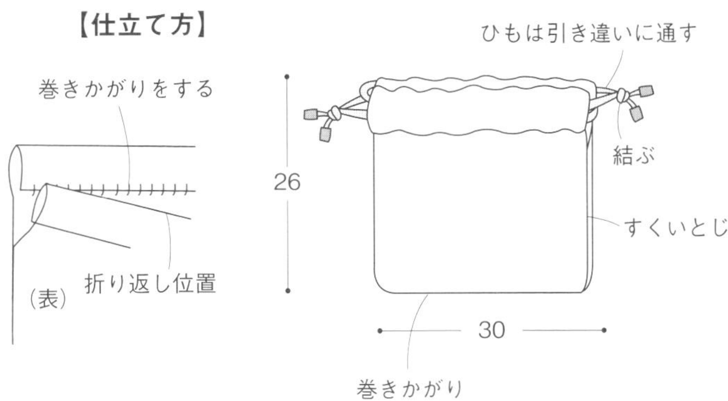
巻きかがりをする
折り返し位置
（表）
ひもは引き違いに通す
結ぶ
26
すくいとじ
30
巻きかがり

【編み図】 ひも

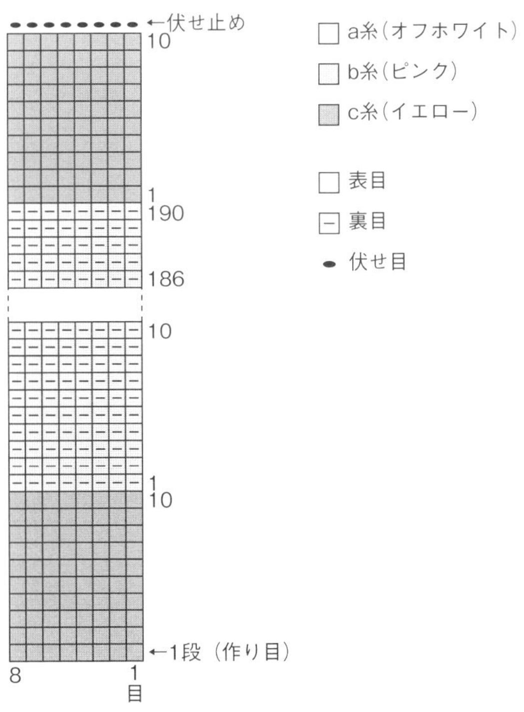
←伏せ止め
10
1
190
186
10
1
10
←1段（作り目）
8
1
目
a糸（オフホワイト）
b糸（ピンク）
c糸（イエロー）
表目
裏目
伏せ目

【編み図】　本体

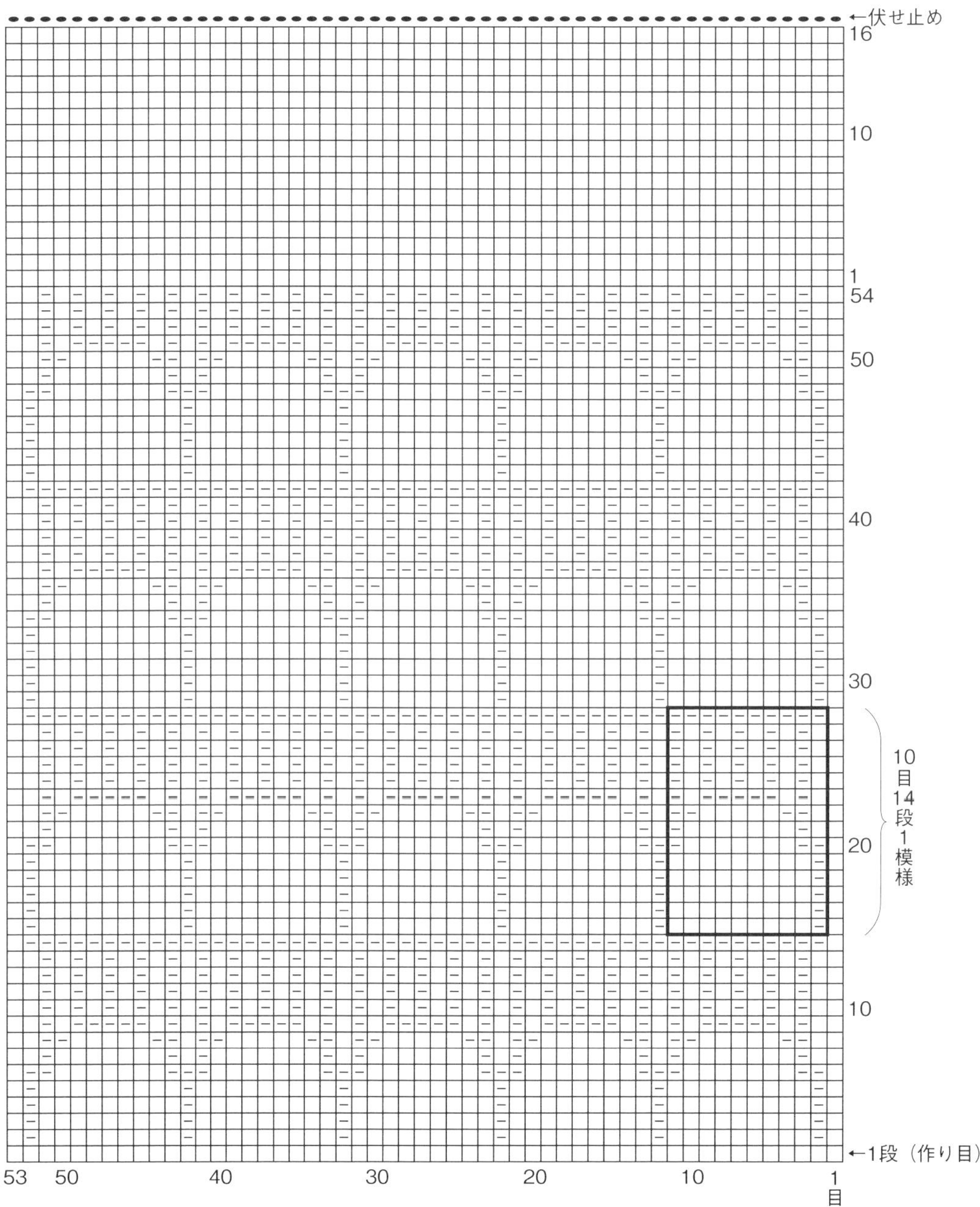

a糸（オフホワイト）

b糸（ピンク）

c糸（イエロー）

表目

裏目

伏せ目

14 page　毛糸のパンツ

材料と道具

▶糸
a　DARUMA　空気をまぜて糸にしたウールアルパカ
きなり（1）　83g
b　DARUMA　ダルシャン極細　ピンク（33）　36g
c　DARUMA　小巻Café デミ ネオン　ブルー（206）　1g
▶その他
幅2cm平ゴム60cm
▶針
8号輪針

ゲージ

17.5目×25段（10cm四方）

出来上がり寸法

丈35.5cmおしりまわり78cm

編み方

①a糸とb糸の引き揃え2本取りで作り目を138目作り、輪にして1目ゴム編みで14段編む。
②15段目からメリヤス編みで40段編み、股の増し目をしながら30段編む。
③85段目は股下を15目ずつ休み目をし、片足ずつ休めていた66目の目をメリヤス編みで6段、1目ゴム編みで8段輪に編んで1目ゴム編み止めをする。
④股下同士をメリヤスはぎをする。
⑤ウエストの折り返し位置で外表に折り返し、巻きかがりをしてゴムを通す。

【製図】
本体

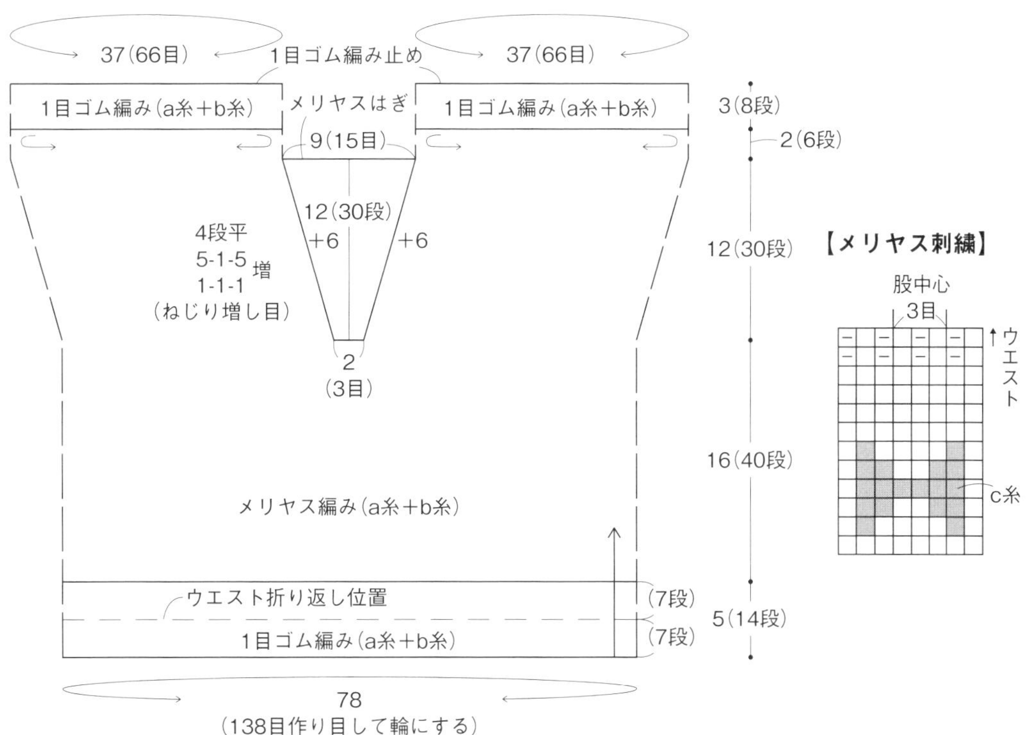

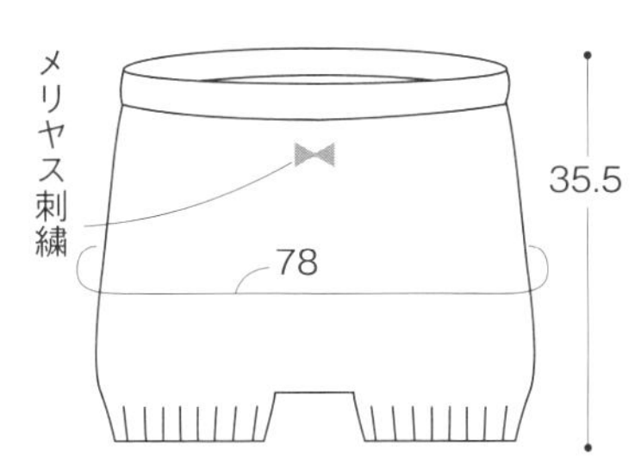

【ウエストのゴムの通し方】

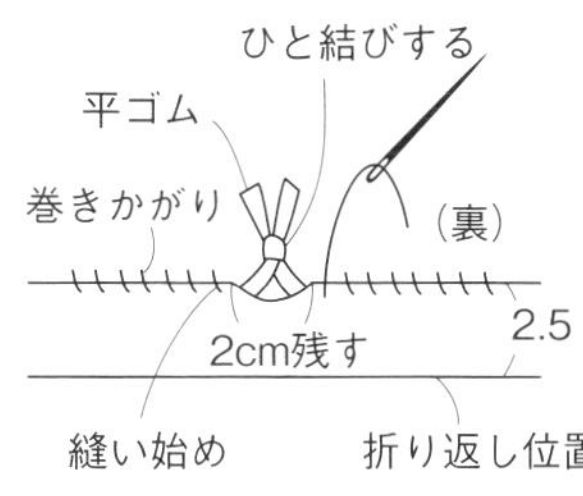

①縫い始めから2cm程度手前まで巻きかがりでぐるりと縫い進める
②針と糸はそのままで平ゴムを通し、ゴムの端をひと結びする
③休ませておいた針と糸で最後まで巻きかがりをして、糸始末する

【編み図】

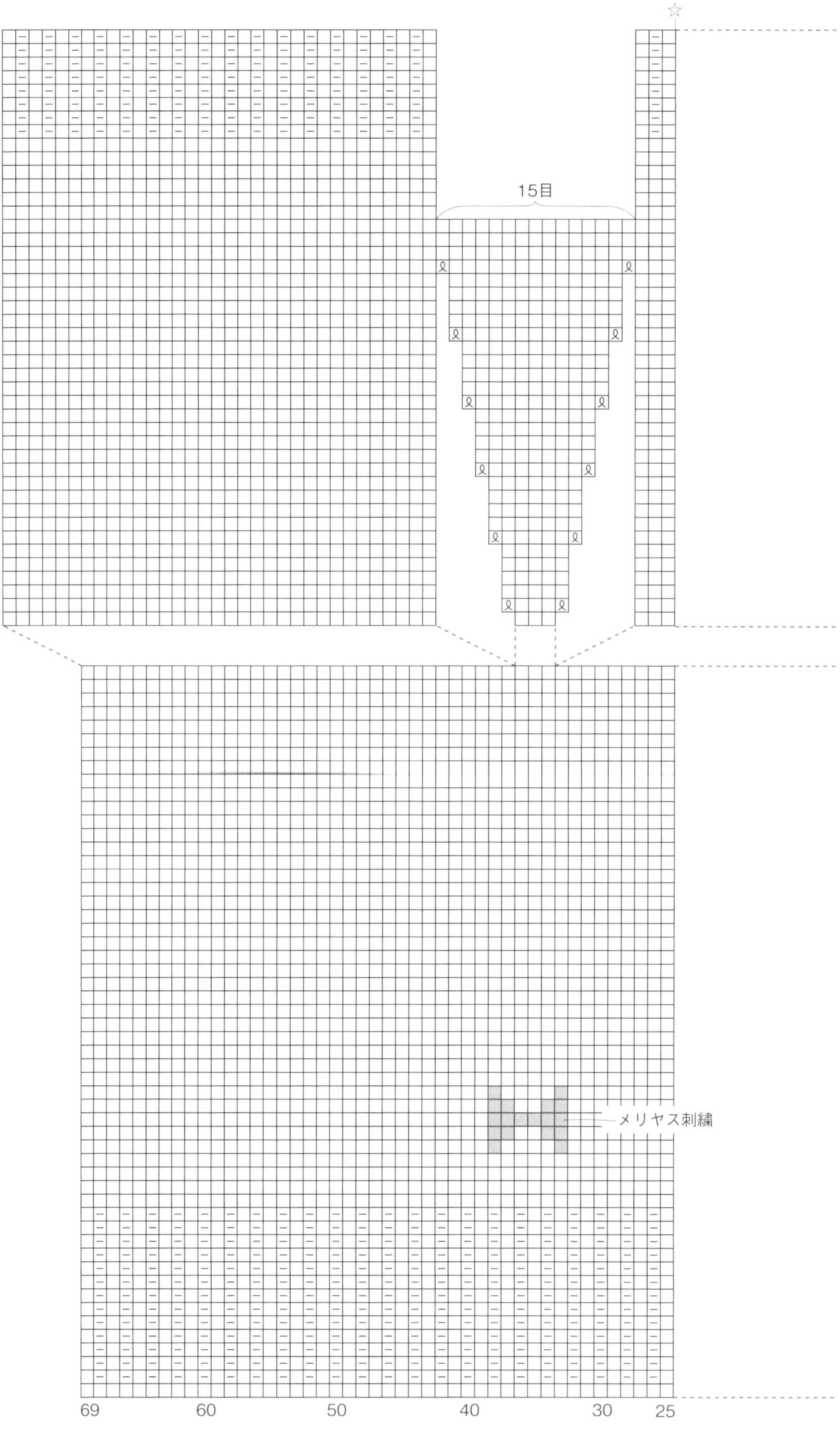

☆

15目

メリヤス刺繍

69 60 50 40 30 25

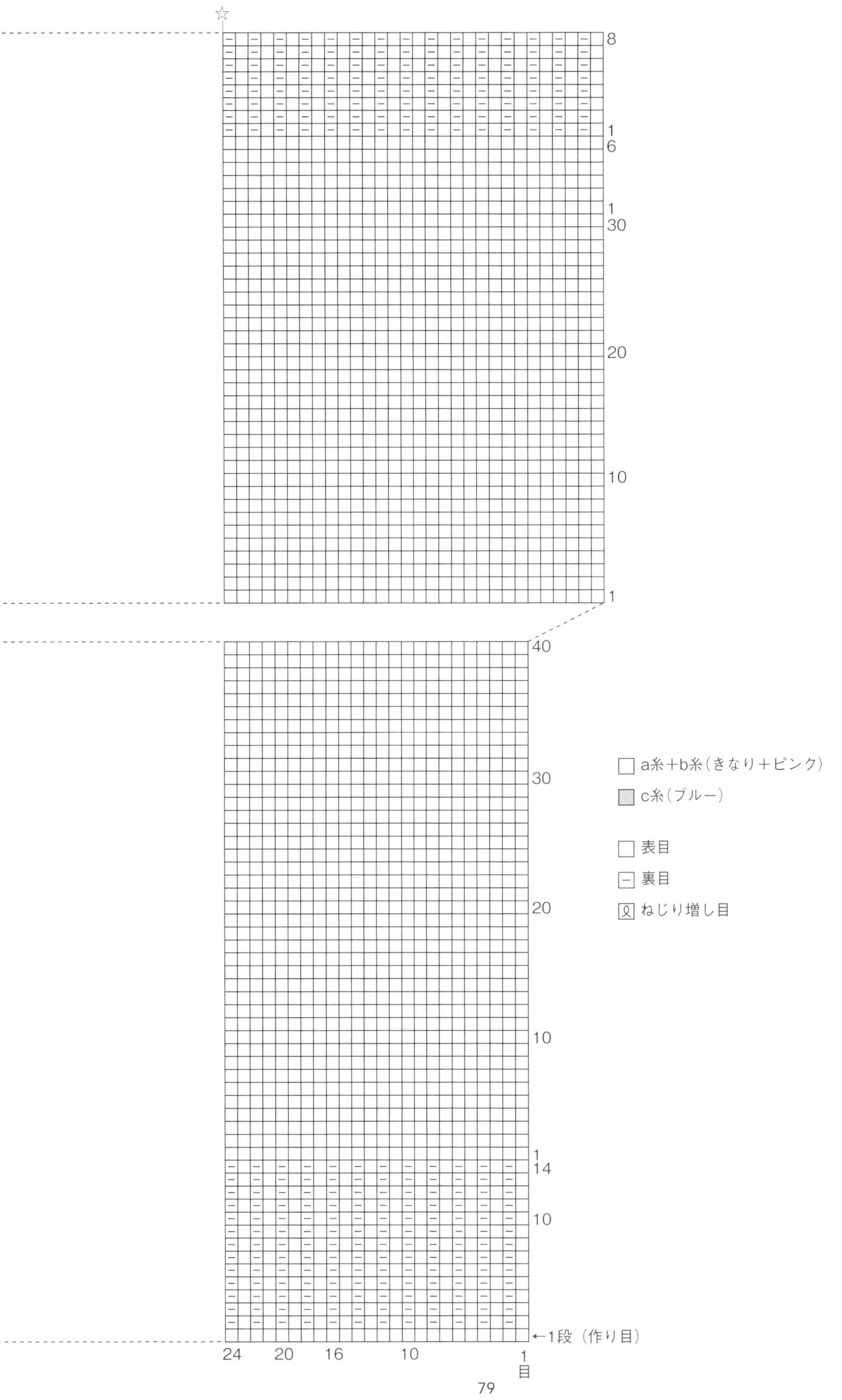

□ a糸＋b糸（きなり＋ピンク）
▨ c糸（ブルー）

□ 表目
⊟ 裏目
ⓠ ねじり増し目

16 page　ショルダーバッグ

材料と道具

▶糸
a　itoito　POMPIDOU Ⅱ　ベージュ(51)　96g
b　itoito　skógafoss　ホワイト(1)　25g
c　chocoshoe　ポンポンヤーン　ライトブルー　5g
▶その他
直径1.5cmスナップボタン1組
▶針
8mm棒針
6・12号棒針

ゲージ

a糸メリヤス編み8目×13段(10cm四方)

出来上がり寸法

縦15cm横27cm

編み方

①a糸1本取りで作り目を18目作り、メリヤス編みで42段編んで伏せ止めをする。これが本体になる。
②本体の底中心から左右に5段ずつ合計10段から12号棒針でb糸2本とc糸1本の3本取りの引き揃えで1目ごとにかけ目をして19目にしながら拾い目をする。そのままガーター編みで38段編む。これがマチになる。
③b糸1本取りに変えて6号棒針でメリヤス編みで84段編み、伏せ止めをする。これが持ち手になる。
④本体とマチの脇を寸法を合わせながらすくいとじをする。
⑤口にスナップボタンを縫いつけ、持ち手を結ぶ。

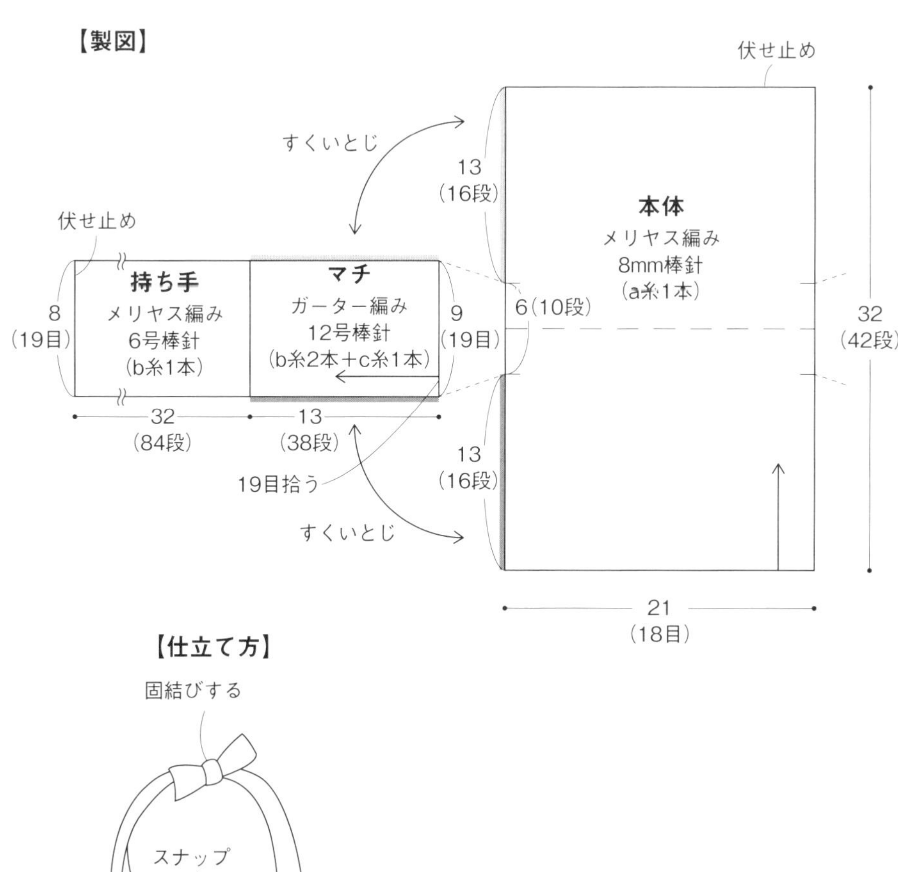

【編み図】

本体

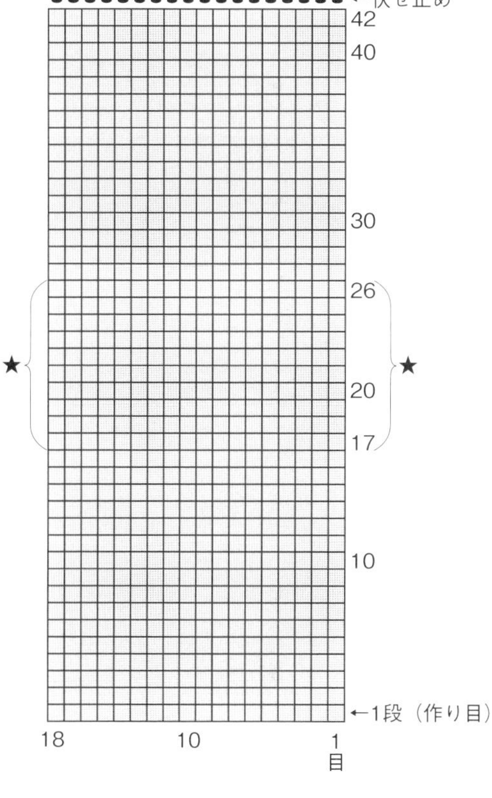

マチ・持ち手

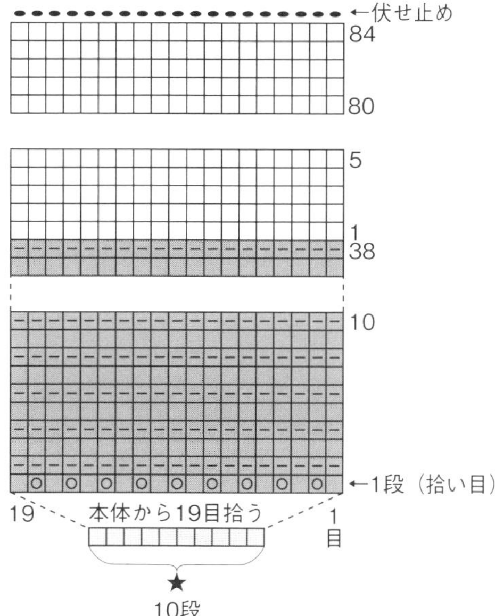

□ a糸（ベージュ/1本）

□ b糸（ホワイト/1本）

■ b糸＋c糸（ホワイト/2本＋ライトブルー/1本）

□ 表目

⊟ 裏目

◎ かけ目

● 伏せ目

18 page **トートバッグ**

材料と道具

▶糸
a　DARUMA　スプラウト　きなり(1)　74g
b　DARUMA　手つむぎ風タム糸　プラム(20)　6g
▶針
10号棒針

ゲージ

16目×20段(10cm四方)

出来上がり寸法

縦22cm横23cm

編み方

① a糸1本取りで作り目を40目作り、メリヤス編みでa糸とb糸で編み込み模様を編む(糸の渡し方は57ページ参照)。
② 90段編んだら伏せ止めをする。
③ 本体から7目拾い目をし、メリヤス編みで50段編んで本体の口にメリヤスはぎでつける。
④ 本体を外表に半分に折り、両脇を1段ずつすくいとじをする。

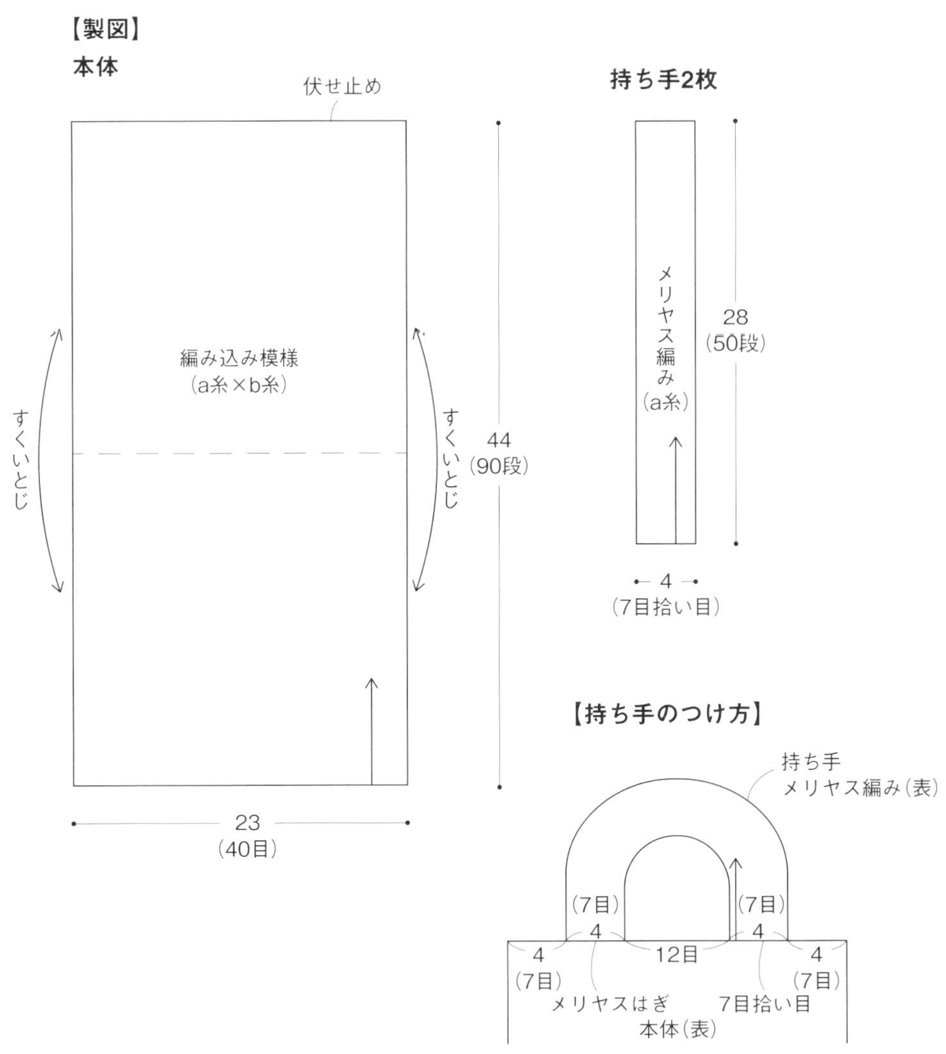

【編み図】

本体

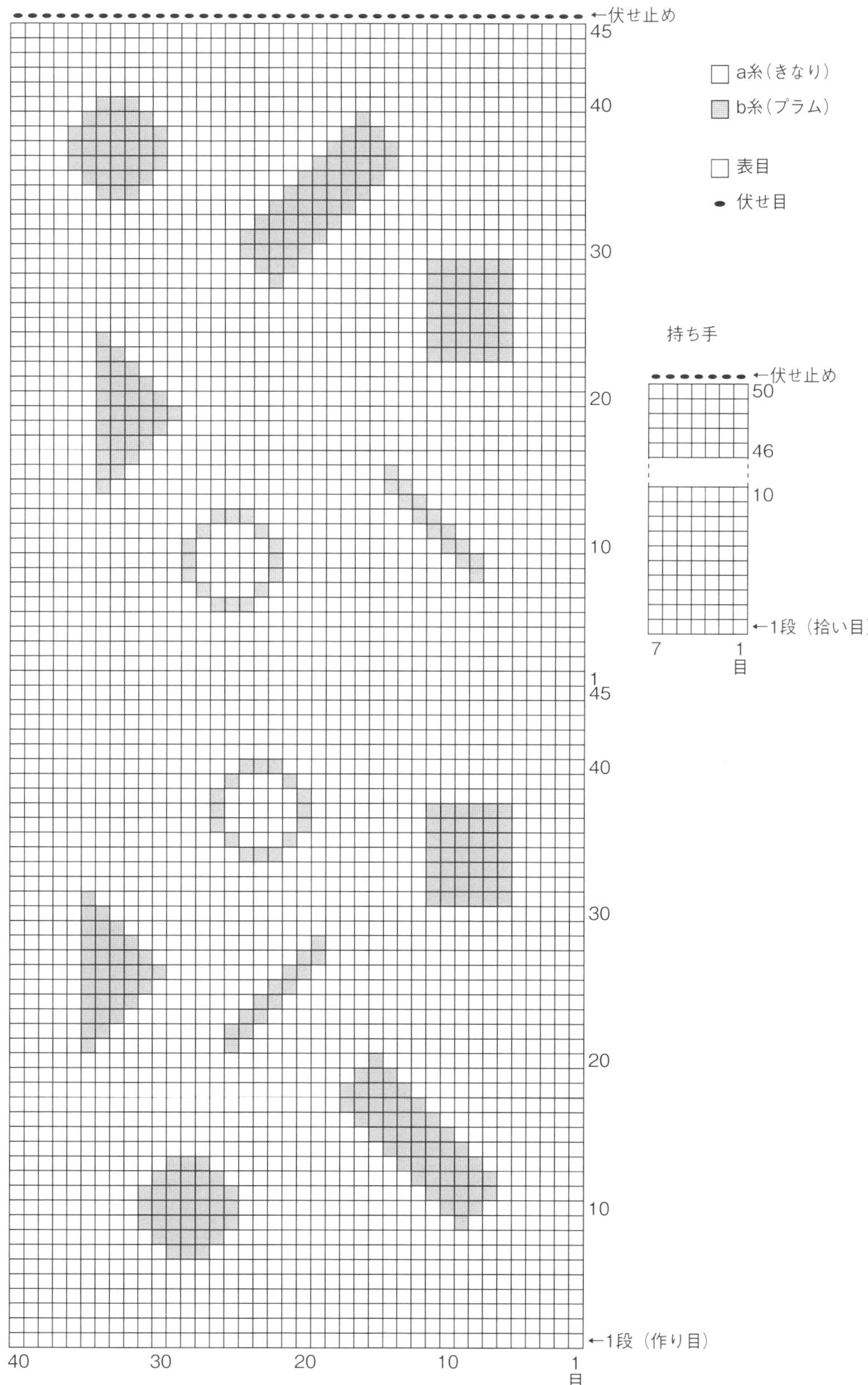

←伏せ止め
45
40
30
20
10
1
45
40
30
20
10
←1段（作り目）
40
30
20
10
1
目
a糸（きなり）
b糸（プラム）
表目
伏せ目
持ち手
←伏せ止め
50
46
10
←1段（拾い目）
7
1
目

22 page **耳当てつき帽子**

材料と道具

▶糸
a　AVRIL　ワッフル　L.ブルー(20)　92g
b　DARUMA　ダルシャン極細　ピンク(33)　1g
c　DARUMA　やわらかラム　ホワイト(1)　1g

▶針
7号輪針

▶その他
35mmポンポンメーカー

ゲージ

1目ゴム編み22目×20段(10cm四方)

出来上がり寸法

縦22cm頭の周囲ぐるり50cm

編み方

①a糸1本取りで作り目を54目作り、輪にしてねじり増し目をしながら1目ゴム編みで32段編む。
②33段目から変わりゴム編みで20段編み、伏せ止めをしながら耳当ても編む。
③耳当て部分はガーター編みで18段減らし目をしながら編んで伏せ止めをする。
④本体と耳当てから134目を拾い、メリヤス編みで4段編んで伏せ止めをする。
⑤編み始めが頭頂になるので、54目に糸を通して引き絞って仕上げる。
⑥b糸とc糸でポンポンを作り、頭頂に糸でつける。

【製図】
本体

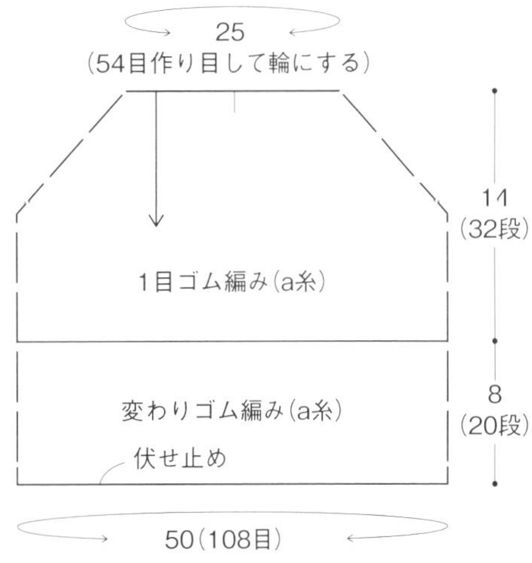

ポンポンをつける
35mmポンポンメーカー
40回巻き(c糸2本+b糸1本)
全目に糸を
2回通し、絞る
22
8
50

【耳当てと縁編み】

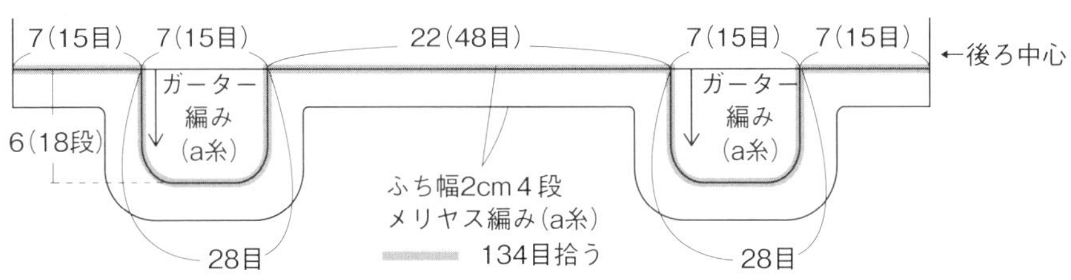

【編み図】

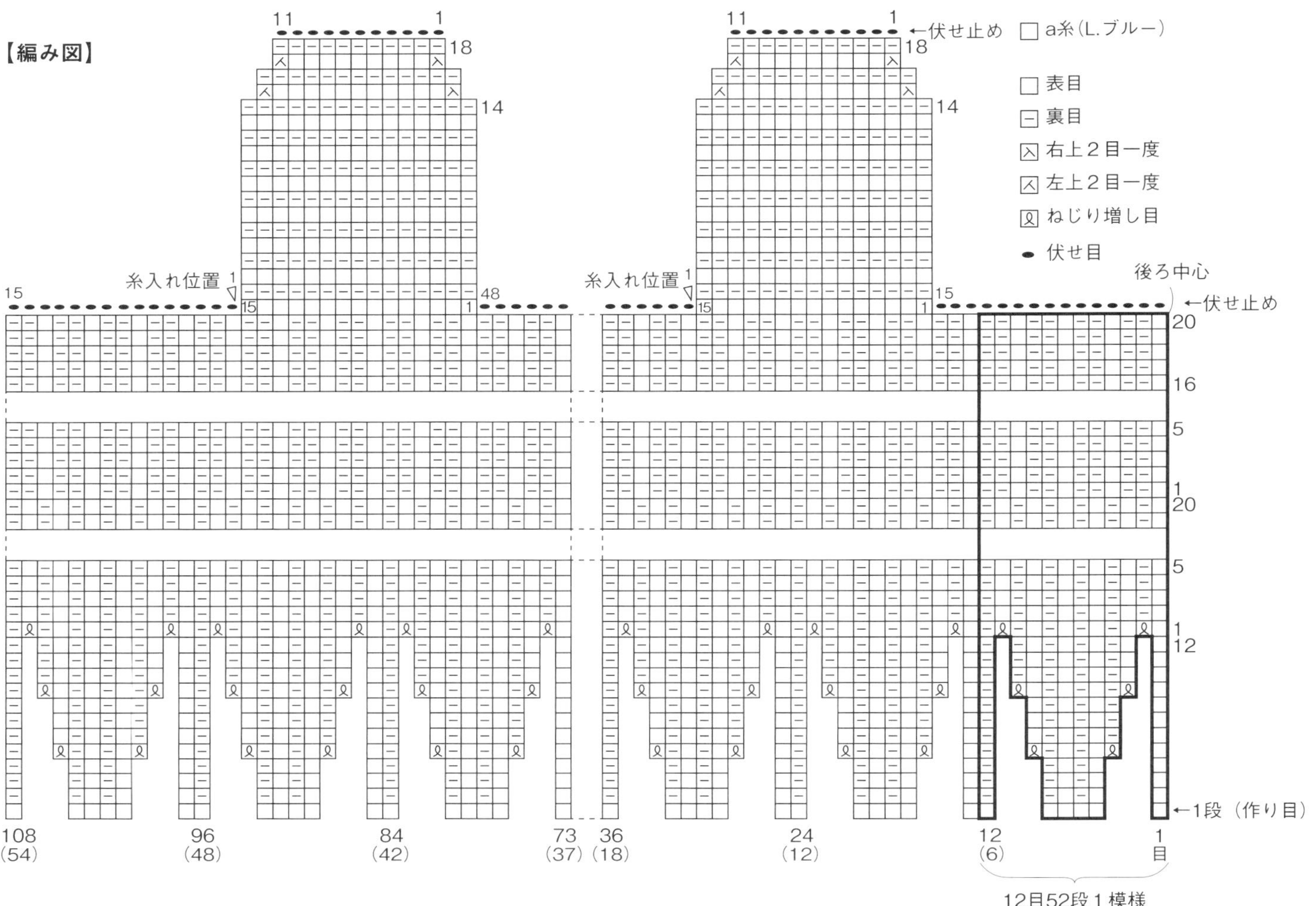

伏せ止め
a糸（L.ブルー）
表目
裏目
右上２目一度
左上２目一度
ねじり増し目
伏せ目
後ろ中心
糸入れ位置
1段（作り目）
108 (54)
96 (48)
84 (42)
73 (37)
36 (18)
24 (12)
12 (6)
1 目
12目52段１模様

26 page　リボンタイプのヘアバンド

材料と道具

▶糸

a　ハマナカ　リッチモア　パーセント　ライトグリーン（12）18g

b　ハマナカ　リッチモア　エクセレントモヘア〈カウント10〉カーキ（77）　10g

▶針

10号棒針

ゲージ

模様編み17目×24段（10cm四方）

出来上がり寸法

長さ85cm

編み方

①b糸2本取りで作り目を15目作り、メリヤス編みで30段編む。

②a糸とb糸の引き揃え2本取りに変えて模様編みで130段編む。

③b糸2本取りに変えてメリヤス編みで30段編み、伏せ止めをする。

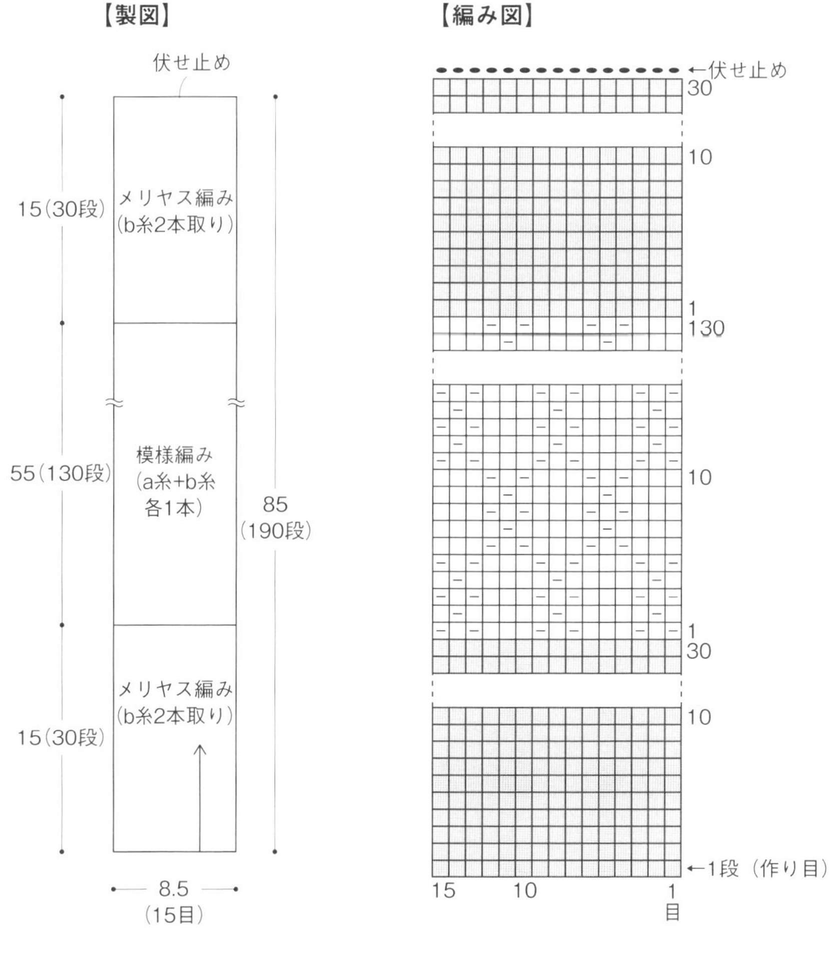

□ a糸＋b糸（ライトグリーン＋カーキ）
□ b糸（カーキ／2本取り）

□ 表目
⊟ 裏目
● 伏せ目

28 page　短め靴下

材料と道具

▶糸
DARUMA　スーパーウォッシュメリノ　チョコレート(7)　80g
▶針
3号4本棒針

ゲージ

模様編み33目×44段(10cm四方)

出来上がり寸法

足長24cm丈16cm

編み方

① 作り目を66目作り、輪にして1目ゴム編みで8段編む。
② 9段目から模様編みを編む。模様編みを44段編み、次の段でかかとの別糸を29目はさみ(62ページ参照)、60段編む。
③ 113段目からつま先を編む。1目ゴム編みで減らし目をしながら14段編んでつま先をメリヤスはぎをする。
④ かかとを編む。かかとの別糸の上下を62目拾い、減らし目をしながらメリヤス編みで12段編む。
⑤ かかとをメリヤスはぎをする。

【製図】
本体2枚

右足　＊左足は左右対称に編む

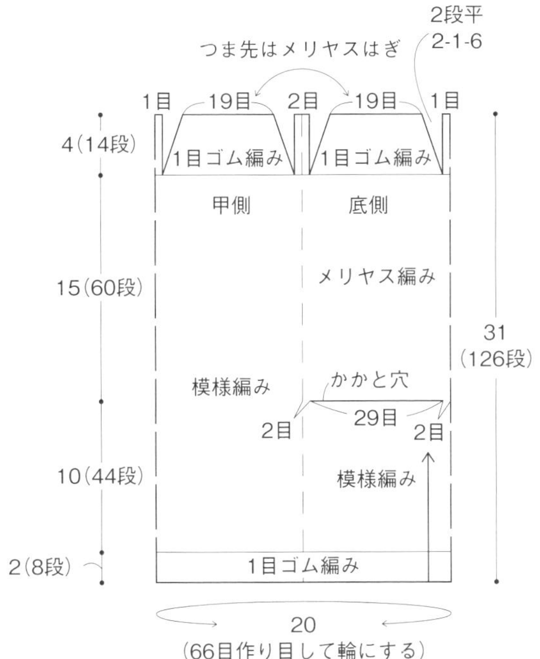

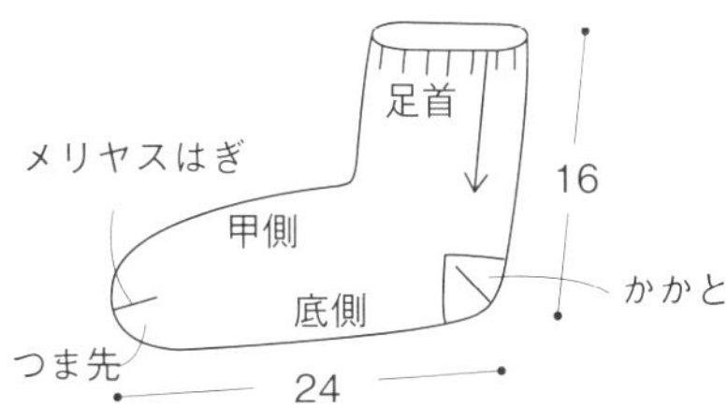

かかと2枚

【かかとの目の拾い方】

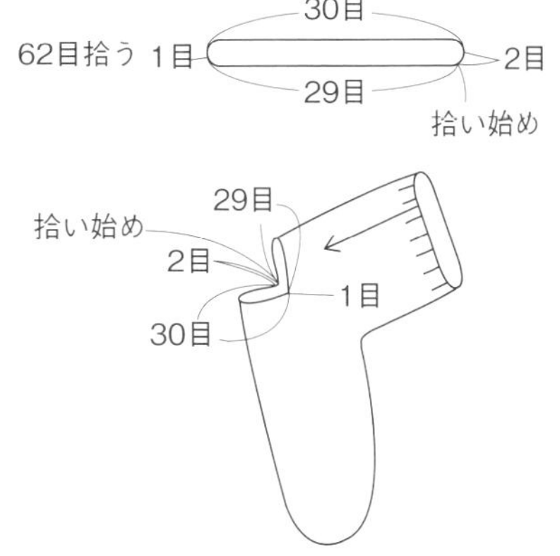

【編み図】　　右足　＊左足は左右対称に編む

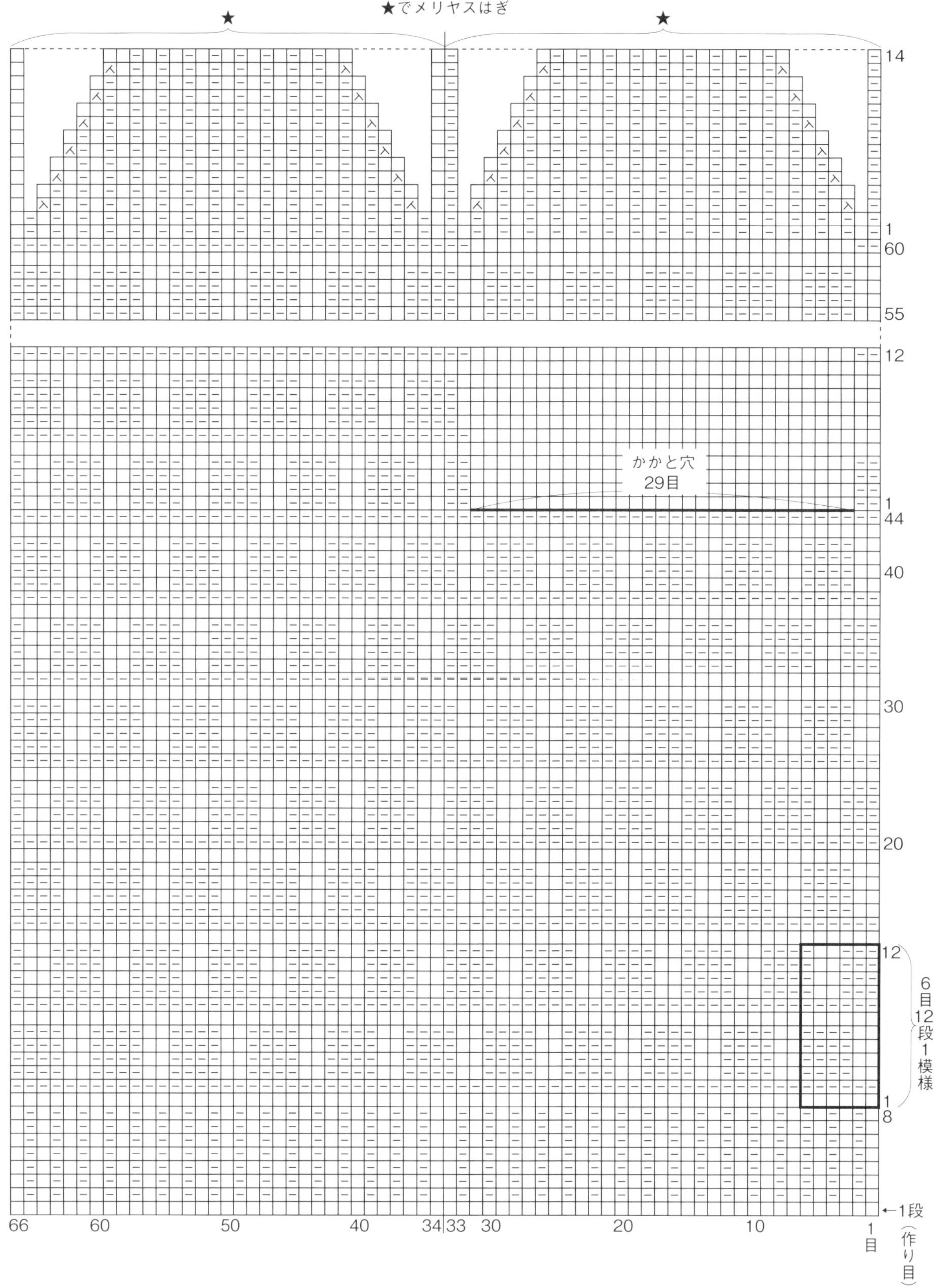

【編み図】　　かかと

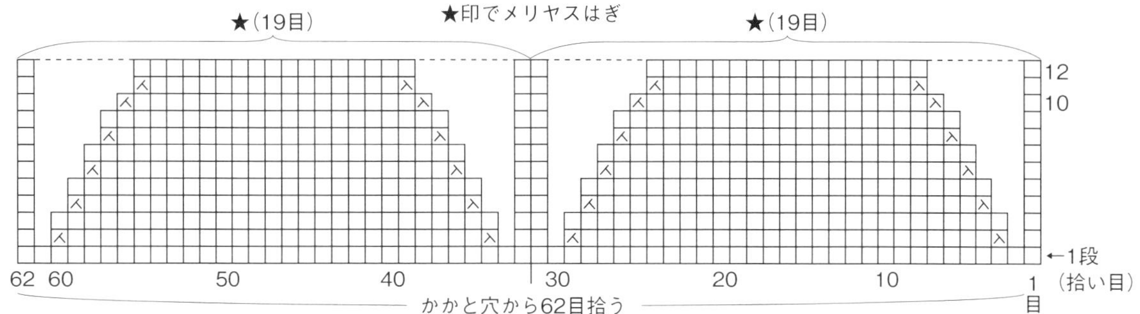

□（チョコレート）

□ 表目

⊟ 裏目

入 右上２目一度

人 左上２目一度

24 page　**模様編みのレッグウォーマー**

材料と道具

▶糸
DARUMA　メリノスタイル並太　イエロー(20)　84g
▶針
7号4本棒針

ゲージ

模様編み20目×29.5段(10cm四方)

出来上がり寸法

丈39cm幅ぐるり24cm

編み方

① 1本取りで作り目を48目作り、輪にして1目ゴム編みで5段編む。
② 模様編みで95段編み、1目ゴム編みで12段編んで1目ゴム編み止めをする。

【製図】
本体2枚

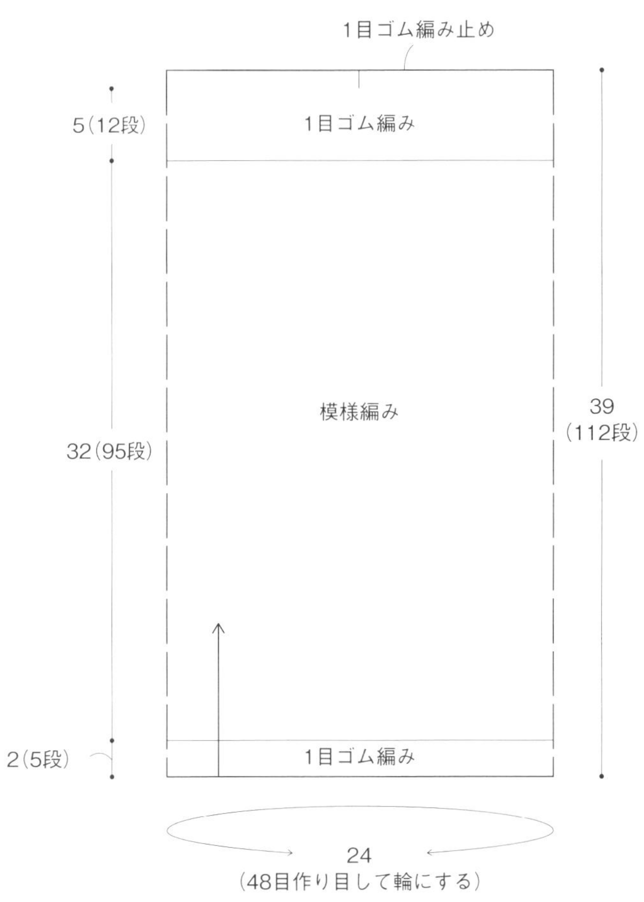

【編み図】

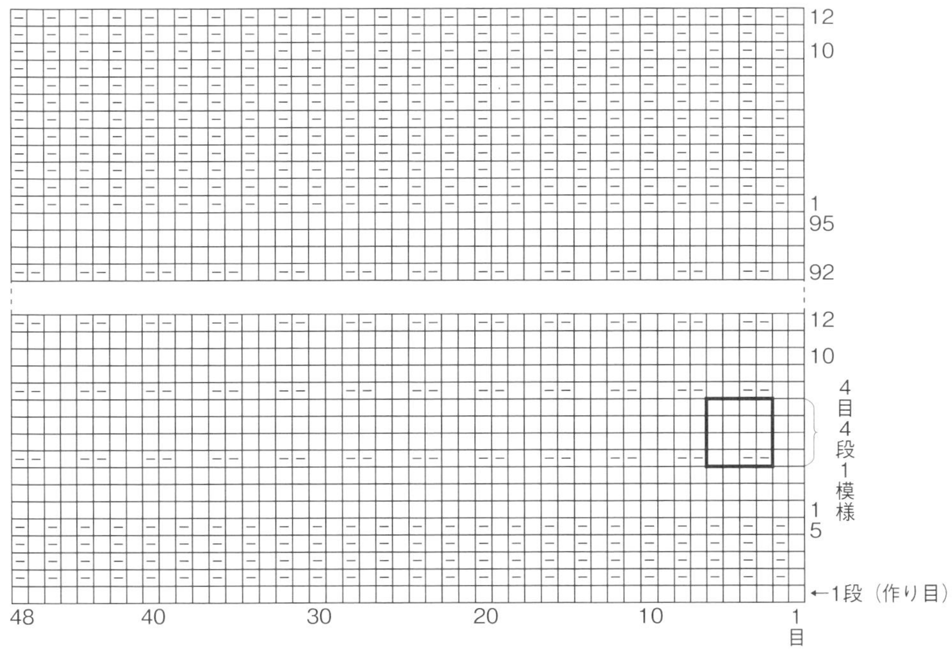

30 page　マフラー

材料と道具

▶糸
a　AVRIL　スムースウール　エメラルド(04)　148g
b　AVRIL　スムースウール　シェルピンク(02)　16g
c　AVRIL　スムースウール　ブラック(08)　16g
▶針
8号棒針

ゲージ

模様編み22目×26段(10cm四方)

出来上がり寸法

幅20cm長さ130cm

編み方

①c糸1本取りで作り目を52目作り、b糸とc糸で編み込み模様を20段編む。
②a糸1本取りに変えて1段目で減らし目をし330段模様編みを編む。
③c糸1本取りに変えて増し目をし、b糸とc糸で編み込み模様を20段編む。
④編み込み模様部分を裏に半分に折り、端を巻きかがり、両脇をすくいとじをする。

【製図】
本体

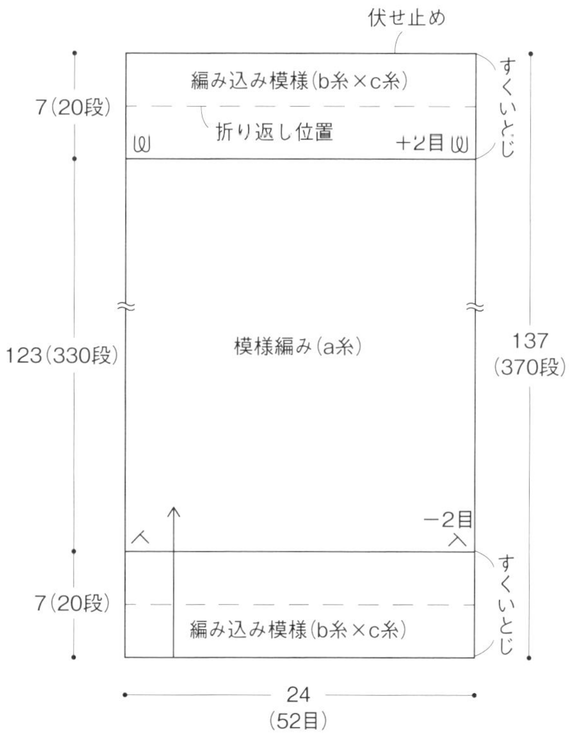

【仕立て方】

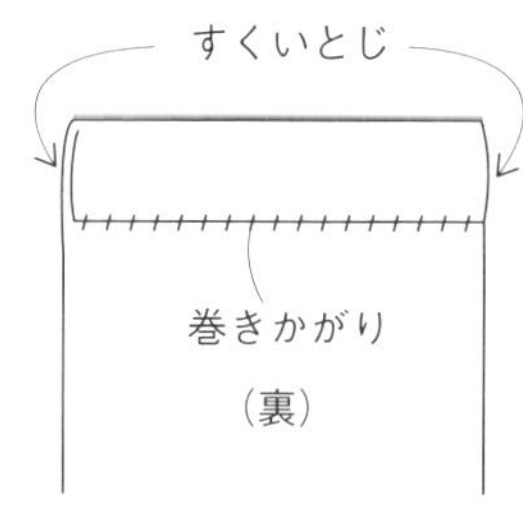

【編み図】

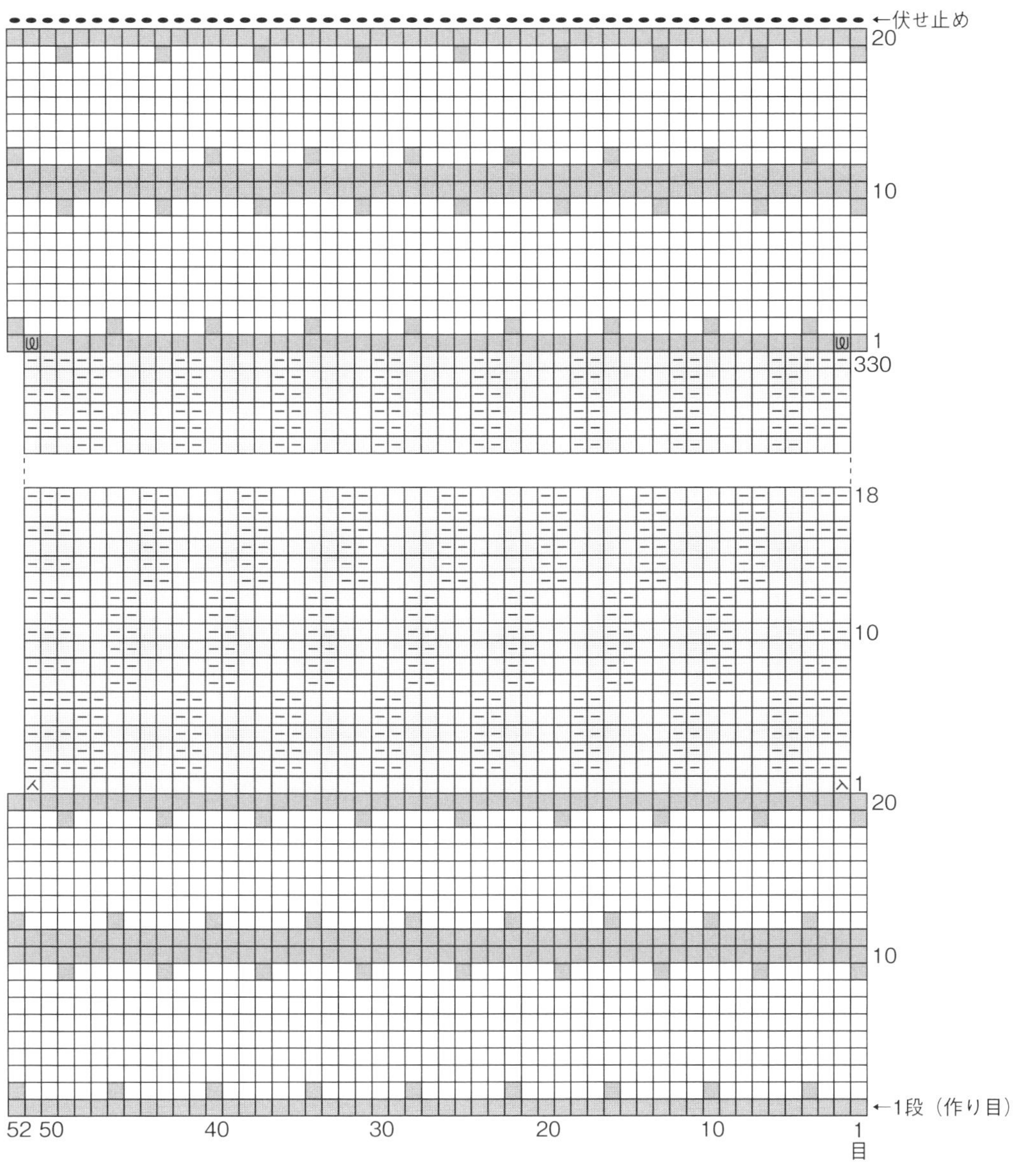

□ a糸（エメラルド）

□ b糸（シェルピンク）

■ c糸（ブラック）

□ 表目

⊟ 裏目

入 右上2目一度

人 左上2目一度

ℓ 巻き増し目

● 伏せ目

32 page　三角ストール

材料と道具

▶糸
a　AVRIL　スムースウール　シェルピンク(02)　124g
b　AVRIL　みずたま　レッドつぶ(185)　16g
c　AVRIL　ウールリリヤーン　ストロベリー(175)　5g
d　AVRIL　ラメリリヤーン　D.ゴールド(3)　5g
▶針
7号輪針

ゲージ

模様編み18目×28段(10cm四方)

出来上がり寸法

縦44cm横110cm

編み方

両端はガーター編みで編む。

①a糸とb糸の引き揃え2本取りで作り目を268目作り、ガーター編みで2段編む。
②3段目は132目まで編み、編み図の通りに左上2目一度で減らし目をし、次に右上2目一度で減らし目をして6段目まで編む。
③a糸1本取りに変えて模様編みで編み図の通りに減らし目をしながら16段編む。
④c糸1本取りに変えて2目ゴム編みで編み図の通りに減らし目をしながら2段編む。
⑤a糸とb糸の引き揃え2本取りに変えてメリヤス編みで編み図の通りに減らし目をしながら12段編む。
⑥a糸1本取りに変えて模様編みで編み図の通りに減らし目をしながら14段編む。
⑦c糸1本取りに変えて2目ゴム編みで編み図の通りに減らし目をしながら2段編む。
⑧a糸とb糸の引き揃え2本取りに変えてメリヤス編みで編み図の通りに減らし目をしながら22段編む。
⑨a糸とd糸の引き揃え2本取りに変えて変わりかのこ編みで編み図の通りに減らし目をしながら26段編む。
⑩8目伏せ止めをする。

【製図】
本体

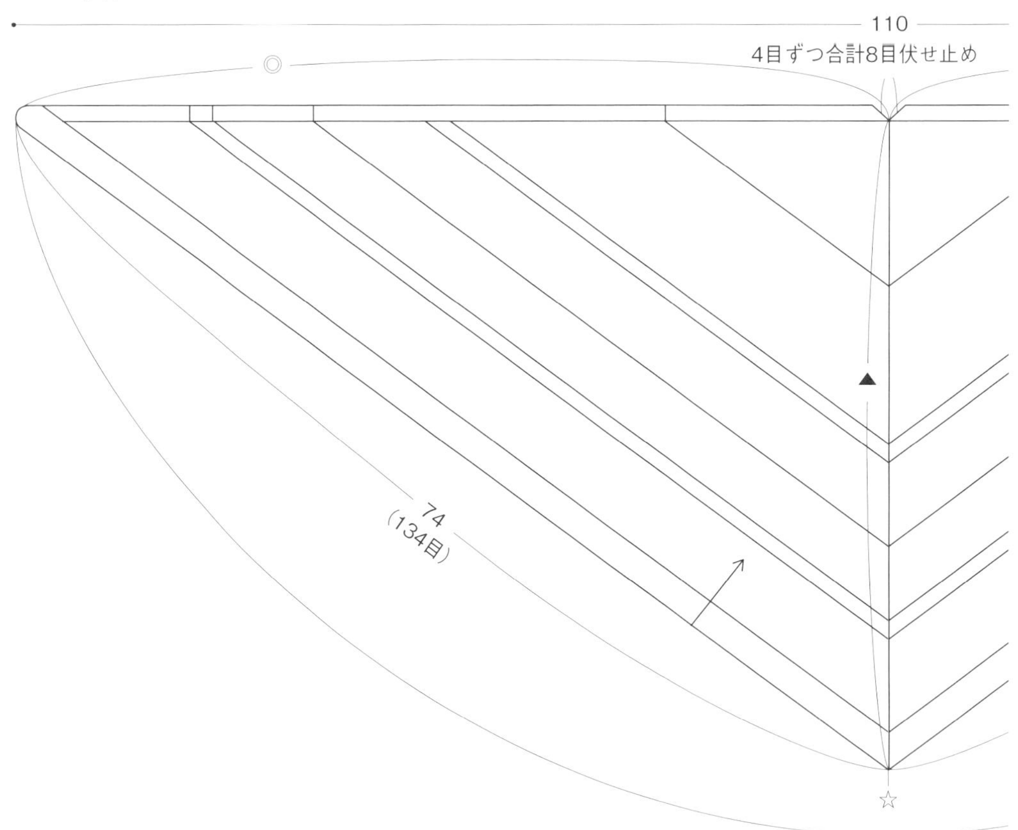

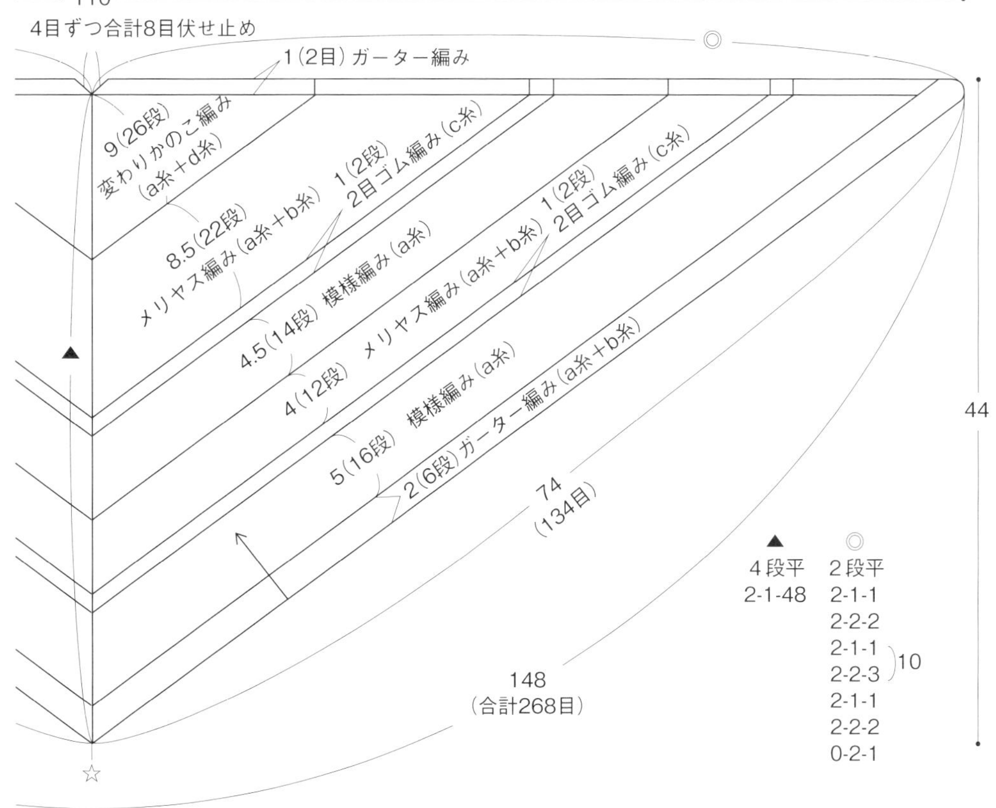
110
4目ずつ合計8目伏せ止め
◎
1(2目)ガーター編み
9(26段)
変わりかのこ編み
(a糸+d糸)
8.5(22段)
メリヤス編み(a糸+b糸)
1(2段)
2目ゴム編み(c糸)
4.5(14段) 模様編み(a糸)
1(2段)
2目ゴム編み(c糸)
4(12段) メリヤス編み(a糸+b糸)
5(16段) 模様編み(a糸)
2(6段)ガーター編み(a糸+b糸)
74
(134目)
44
148
(合計268目)
☆
▲
4段平
2-1-48
◎
2段平
2-1-1
2-2-2
2-1-1
2-2-3
10
2-1-1
2-2-2
0-2-1

【編み図】

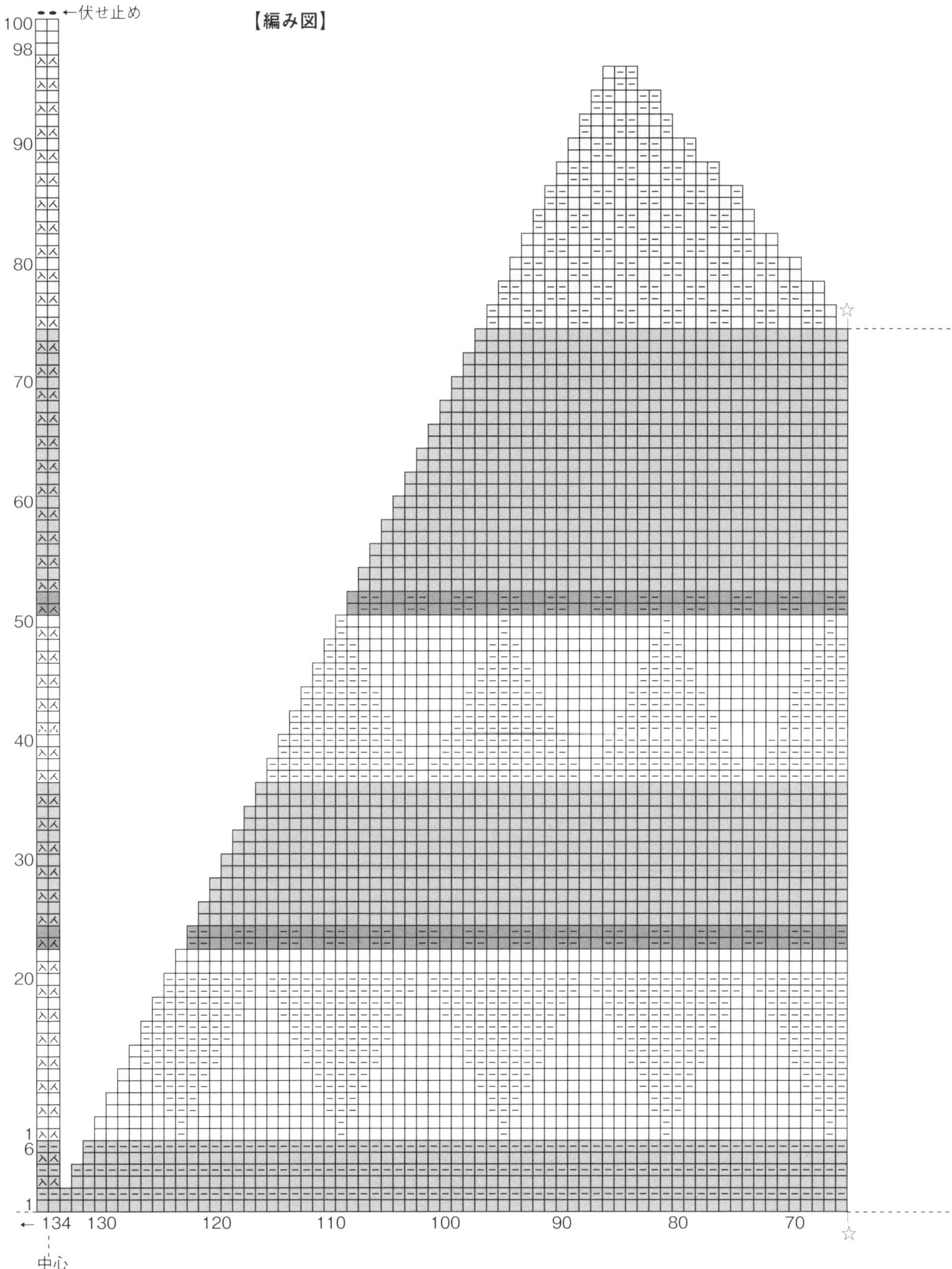

中心で反転し、左側を編む（合計268目）

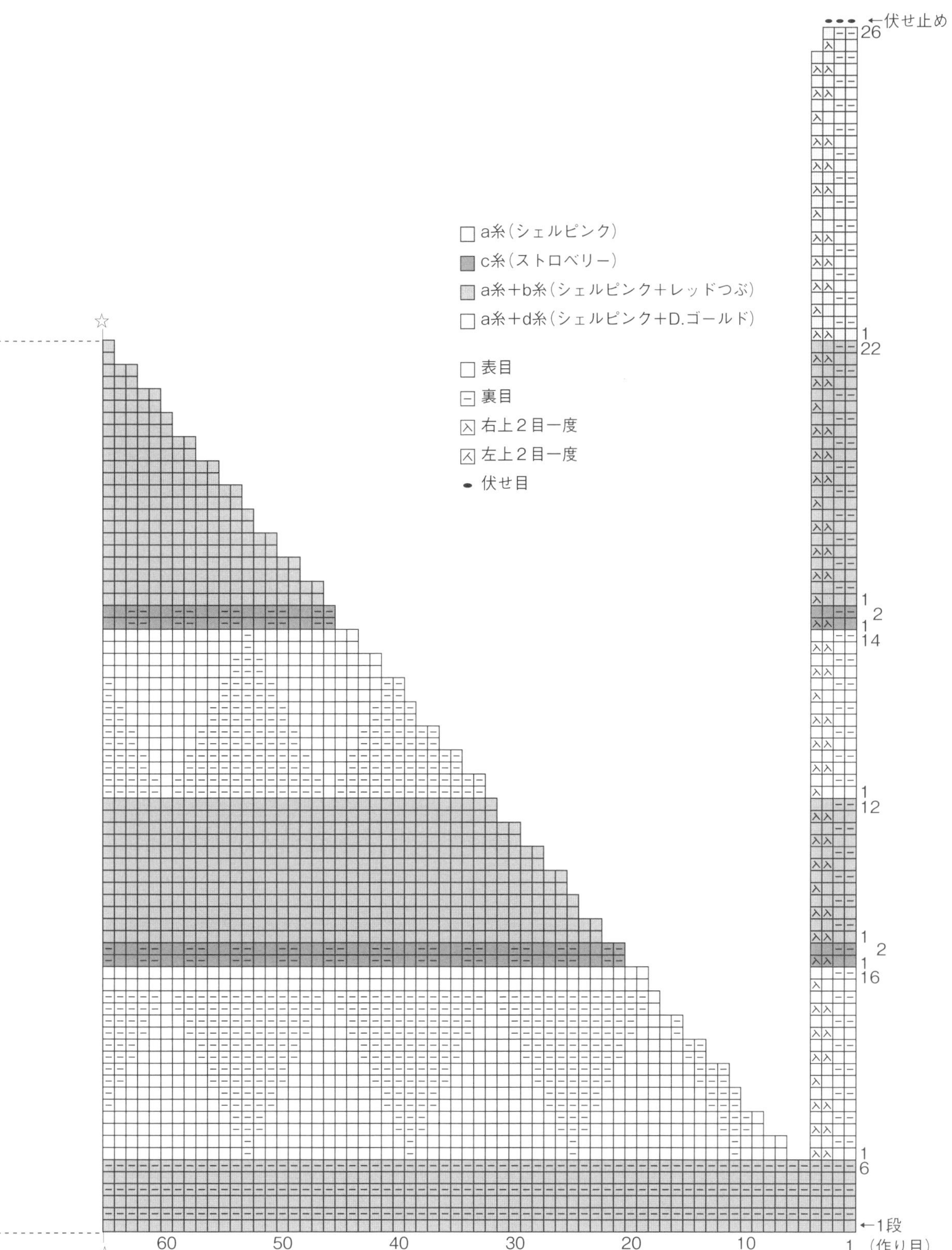

←伏せ止め
26
□ a糸(シェルピンク)
■ c糸(ストロベリー)
□ a糸＋b糸(シェルピンク＋レッドつぶ)
□ a糸＋d糸(シェルピンク＋D.ゴールド)
□ 表目
⊟ 裏目
入 右上2目一度
人 左上2目一度
● 伏せ目
☆
1
22
1
2
1
14
1
12
1
2
1
16
1
6
←1段
60
50
40
30
20
10
1
目
(作り目)
☆

46 page　ボーダー柄の靴下

材料と道具

▶糸
a　DARUMA　やわらかラム　バニラ(8)　52g
b　DARUMA　やわらかラム　カスタード(4)　11g
c　DARUMA　やわらかラム　ベビーミント(36)　6g
d　DARUMA　やわらかラム　グレー(39)　5g
e　DARUMA　ダルシャン合細モヘア　ピンク(44)　11g
▶針
4号4本棒針

ゲージ

編み込み模様28目×28段(10cm四方)

出来上がり寸法

足長24cm丈26cm

編み方

① a糸1本取りで作り目を54目作り、輪にして1目ゴム編みで10段編む。
② 11段目からa糸～e糸で編み込み模様を60段、a糸でメリヤス編みを2段編む。次の段でかかとの別糸を23目はさむ(62ページ参照)。
③ a糸でメリヤス編みを54段編む。
④ 127段目からa糸とe糸の引き揃えでつま先を編む。メリヤス編みで減らし目をしながら20段編んでつま先をメリヤスはぎをする。
⑤ かかとを編む。かかとの別糸の上下を50目拾い、減らし目をしながらa糸+e糸の引き揃えのメリヤス編みで11段編む。
⑥ かかとをメリヤスはぎをする。

【製図】
本体2枚

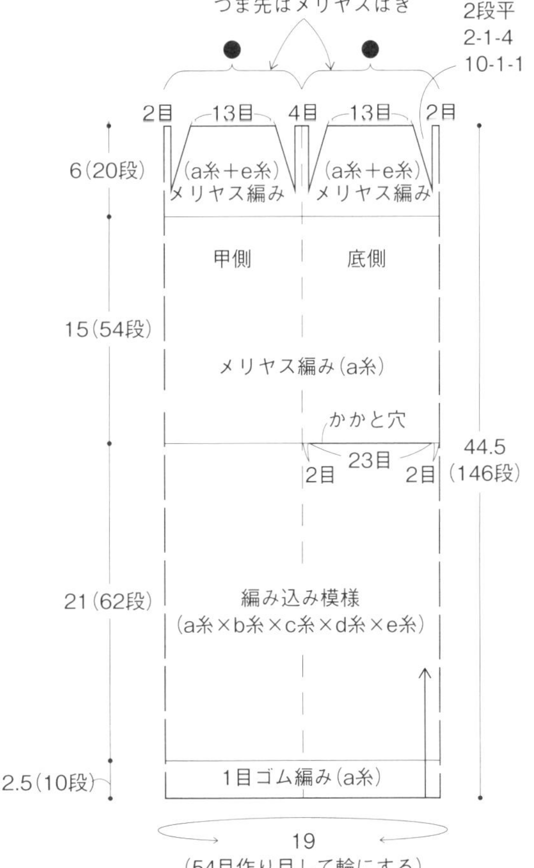

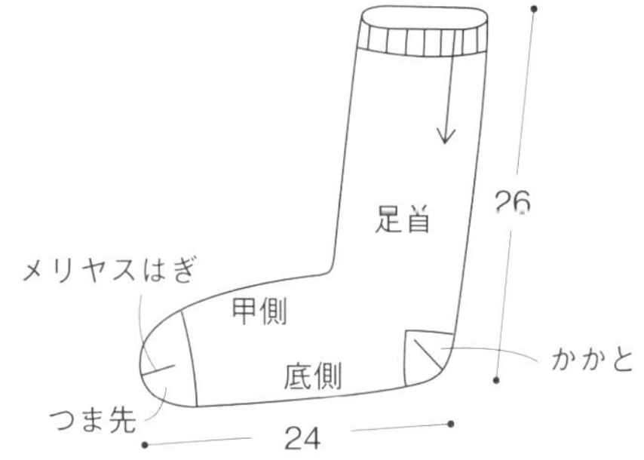

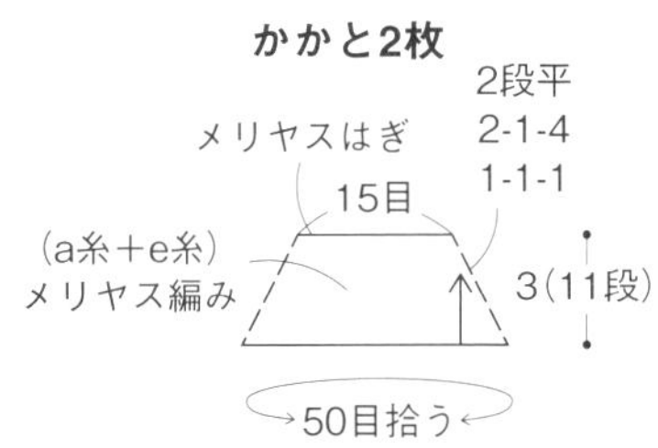

【かかとの目の拾い方】

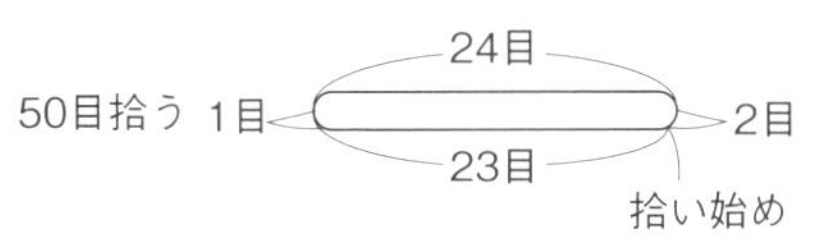

【編み図】 右足　＊左足は左右対称に編む

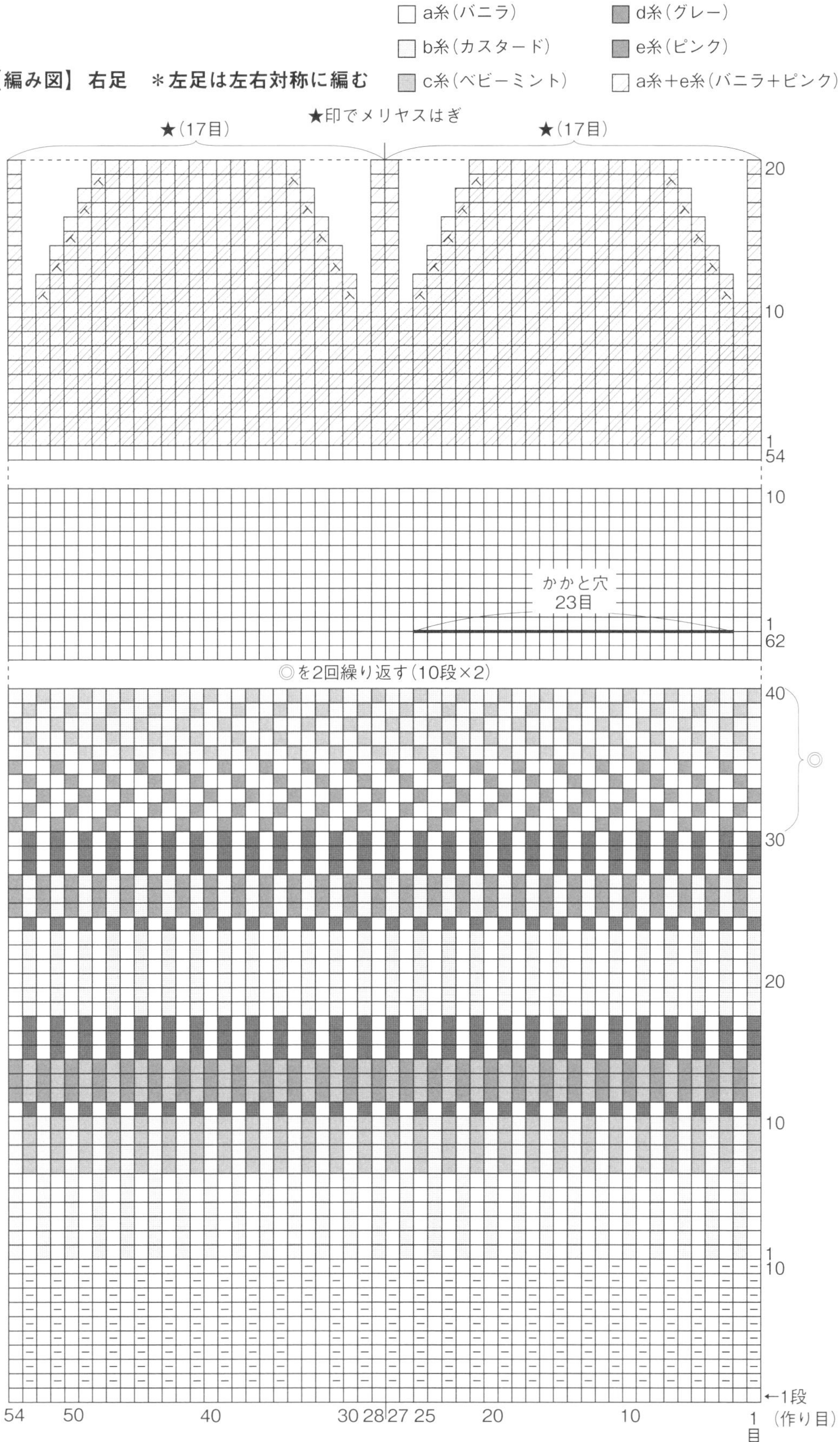

【編み図】　かかと

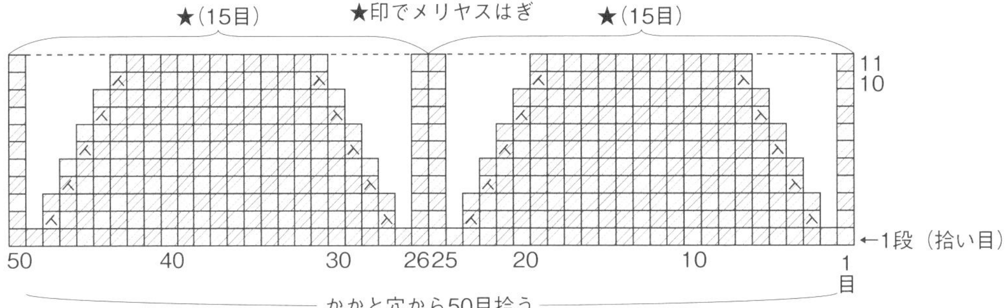

□ a糸（バニラ）

□ b糸（カスタード）

□ c糸（ベビーミント）

□ d糸（グレー）

□ e糸（ピンク）

□ a糸＋e糸（バニラ＋ピンク）

□ 表目

□ 裏目

□ 右上２目一度

□ 左上２目一度

34 page　ベスト

材料と道具

▶糸
a　DARUMA　チェビオットウール　エメラルド(3)　290g
b　DARUMA　ダルシャン極細　ホワイト(8)　67g
▶針
10号棒針

ゲージ

模様編み16目×22段(10cm四方)

出来上がり寸法

着丈49cm身幅60cm

編み方

a糸とb糸を引き揃え2本取りで編む。
① 前身頃を作る。作り目を96目作り、1目ゴム編みで12段編む。
② 13段目から模様編みを50段編む。63段目から編み図通りに5目ガーター編みと減らし目をしながら襟ぐりを編む。肩は休み目をする。
③ 後ろ身頃も同様に編む。作り目を96目作り、1目ゴム編みで12段編む。
④ 13段目から模様編みを50段編む。63段目から編み図通りに5目ガーター編みをして44段編む。肩は休み目、襟ぐりは伏せ目をする。
⑤ 前身頃と後ろ身頃の肩同士をかぶせはぎで接ぎ合わせる。
⑥ 両脇をとじ止まりまですくいとじをする。
⑦ 襟ぐりを74目拾い(58ページ参照)、1目ゴム編みで6段編んで1目ゴム編み止めをする(59ページ参照)。

【製図】 本体

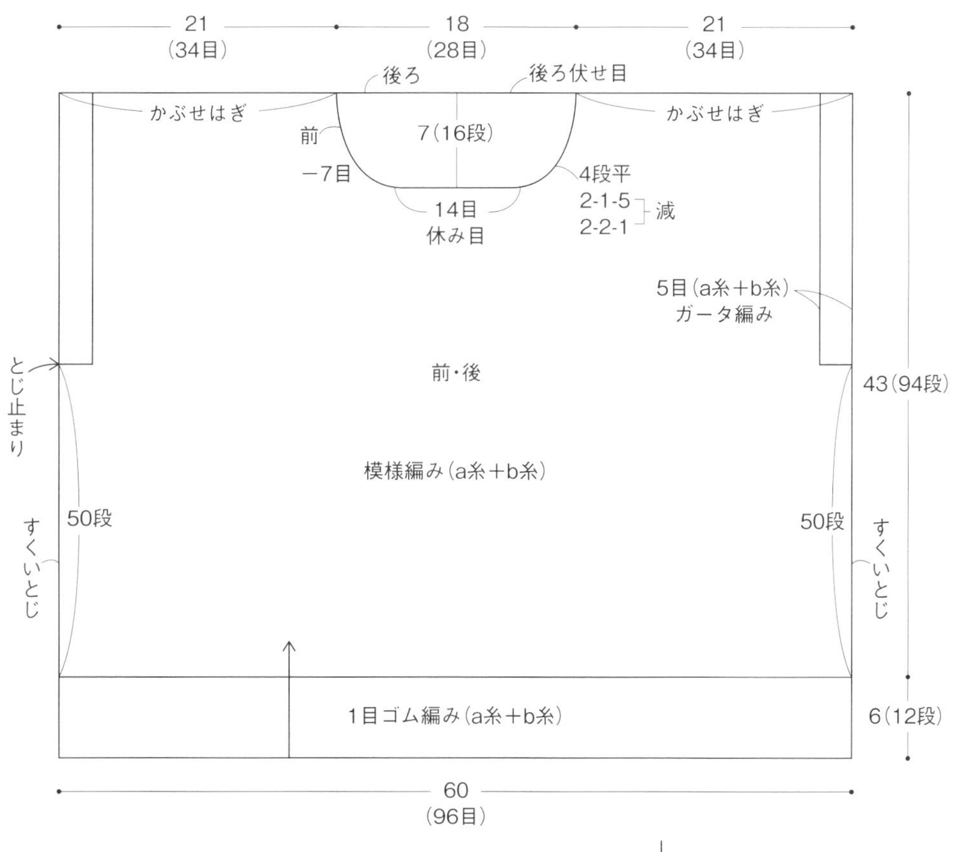

【仕立て方】

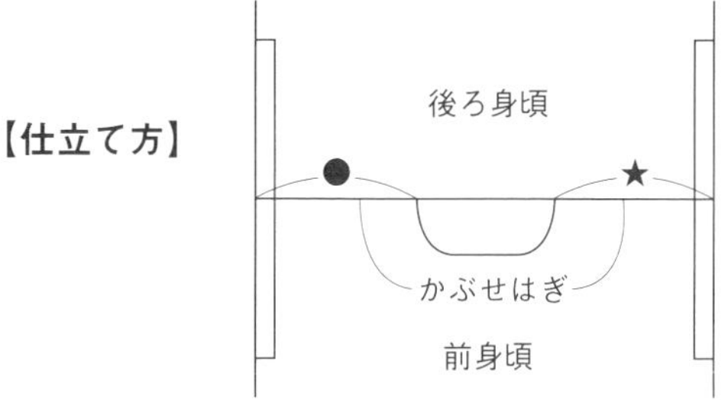

【編み図】

前身頃

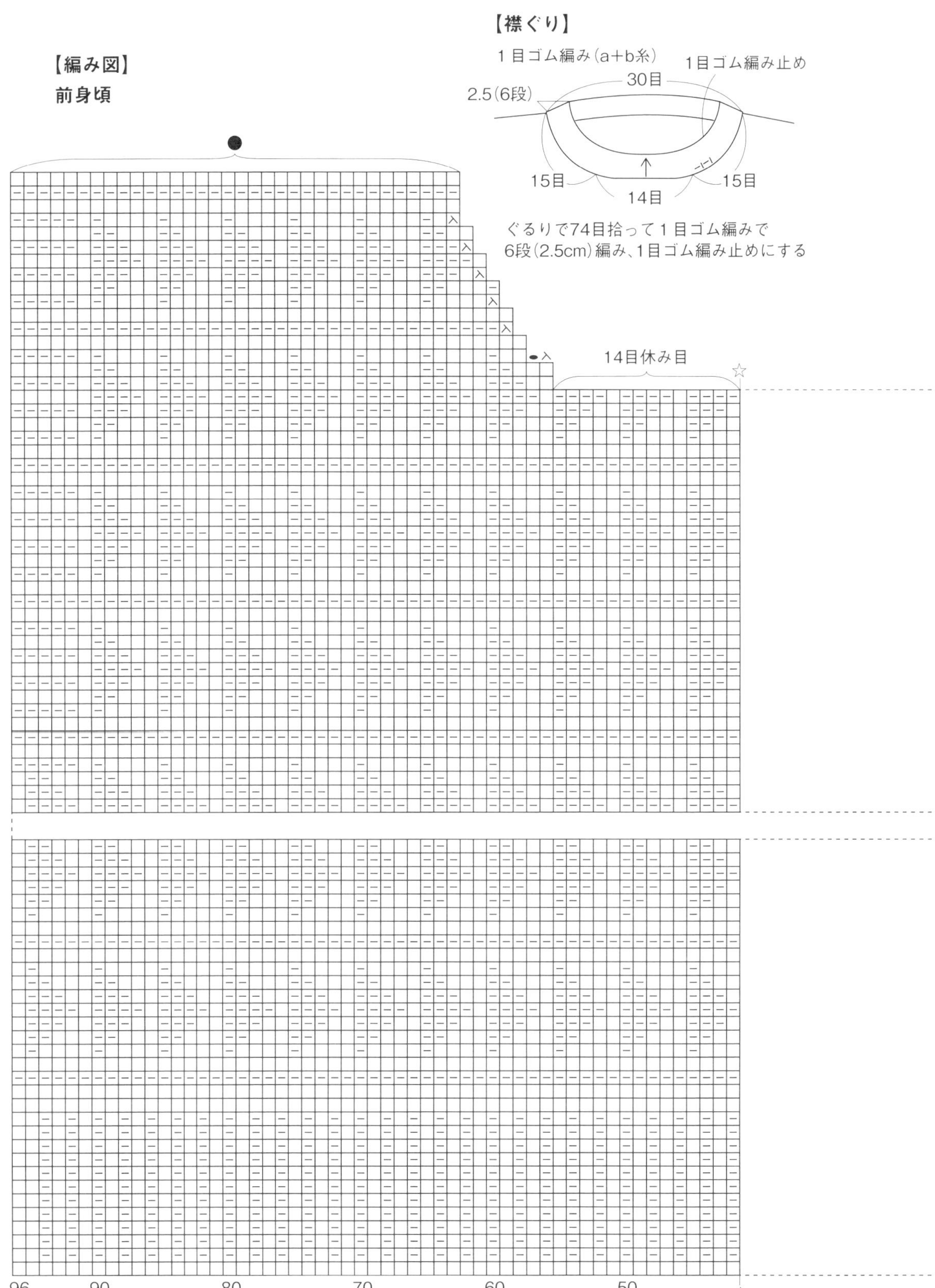

【襟ぐり】
1目ゴム編み(a+b糸)
1目ゴム編み止め
30目
2.5(6段)
15目
15目
14目
ぐるりで74目拾って1目ゴム編みで
6段(2.5cm)編み、1目ゴム編み止めにする
14目休み目
96
90
80
70
60
50

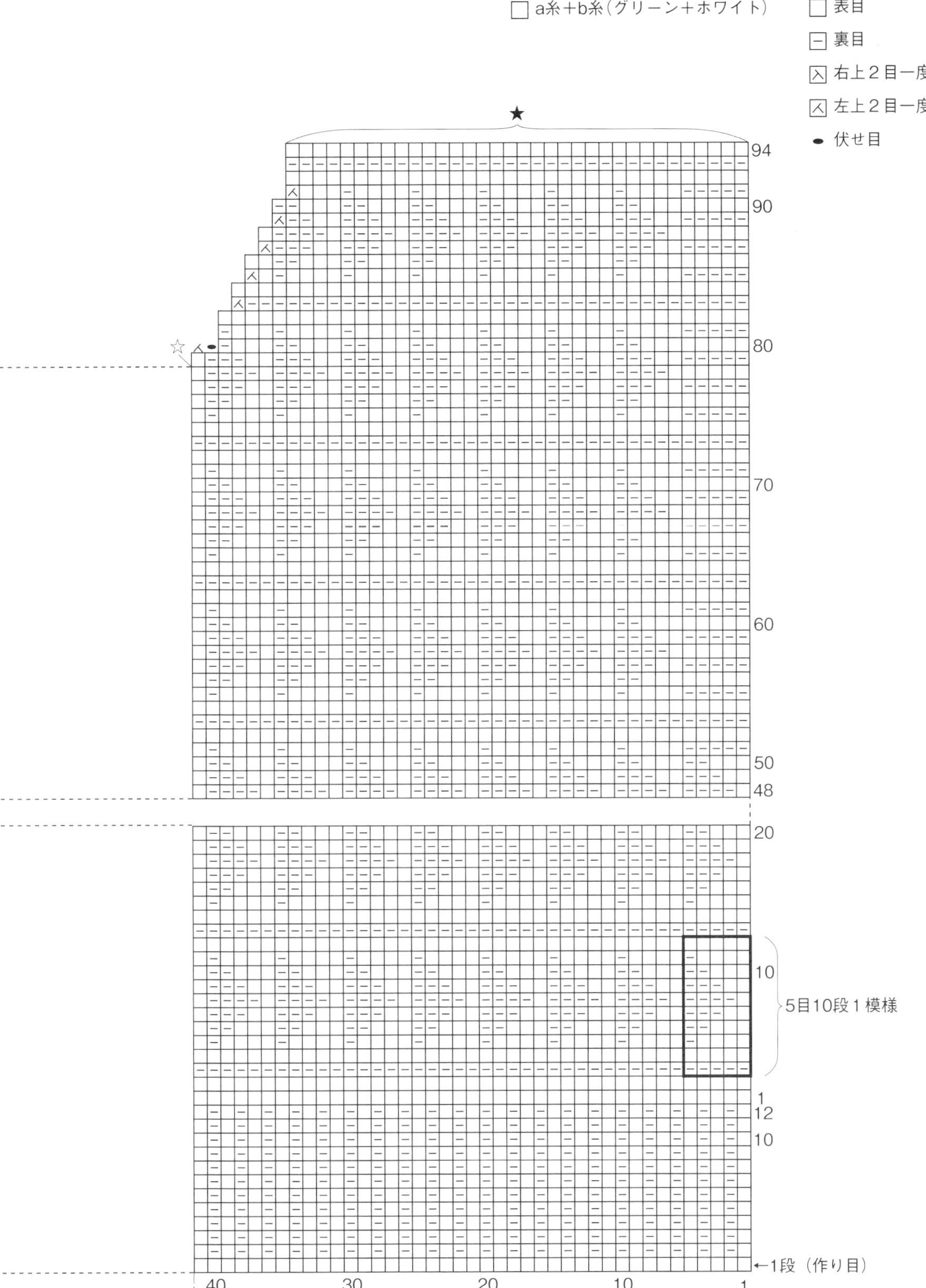
□ a糸＋b糸（グリーン＋ホワイト）
□ 表目
⊟ 裏目
入 右上２目一度
人 左上２目一度
● 伏せ目
★
☆
94
90
80
70
60
50
48
20
10
5目10段１模様
1
12
10
←1段（作り目）
40
30
20
10
1
目

【編み図】
後ろ身頃

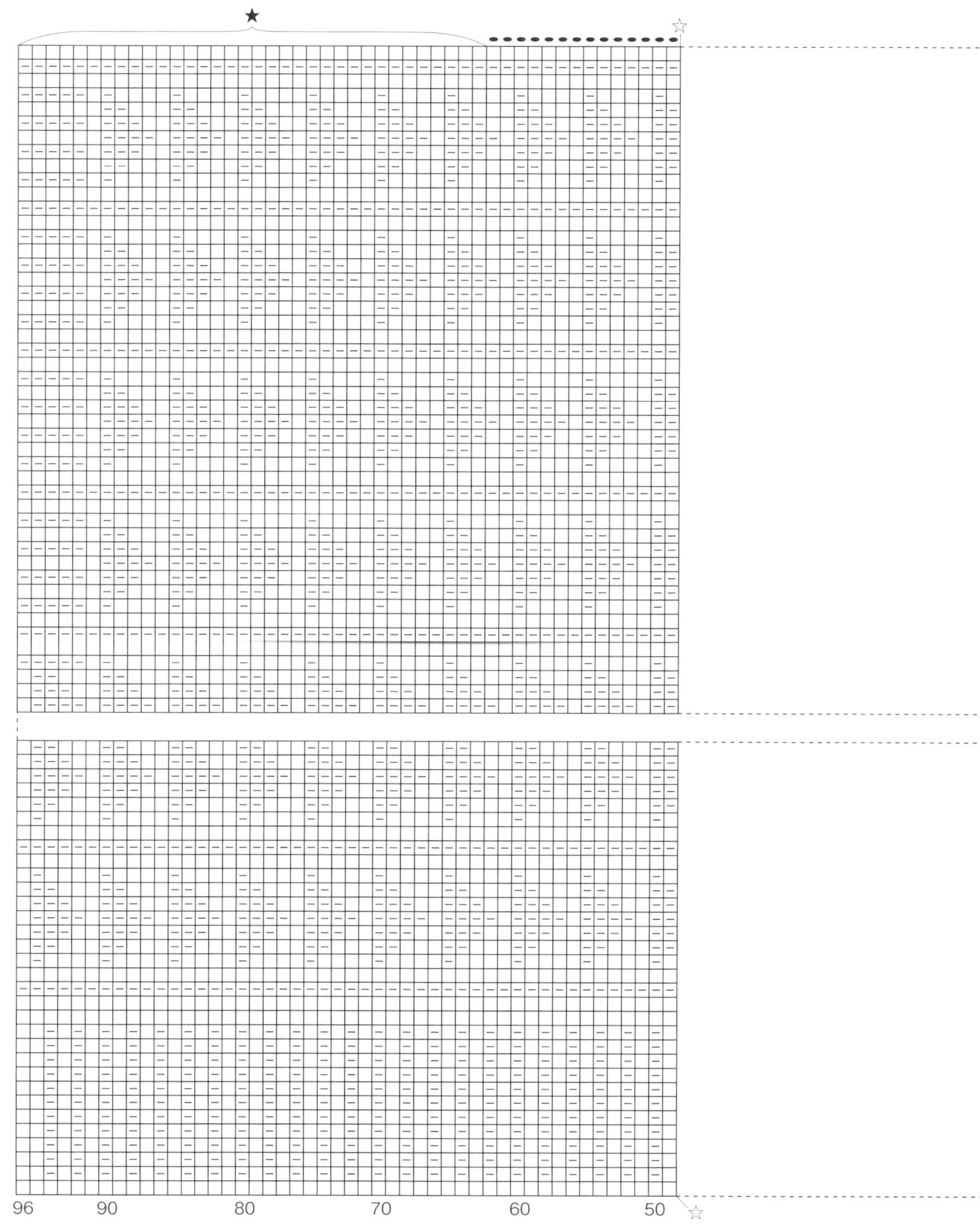

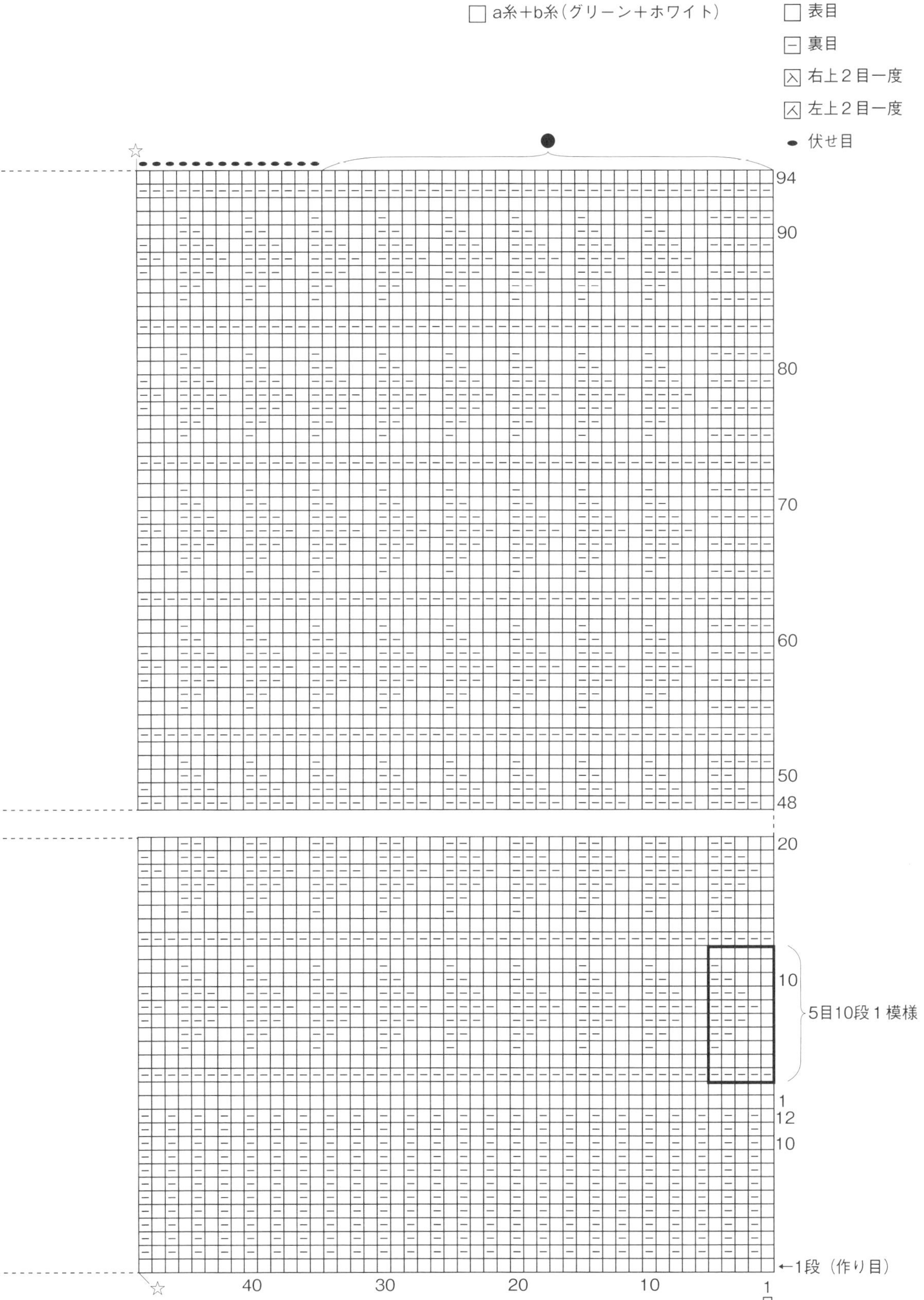
□ a糸＋b糸（グリーン＋ホワイト）
□ 表目
⊟ 裏目
⋋ 右上２目一度
⋌ 左上２目一度
● 伏せ目
☆
94
90
80
70
60
50
48
20
10
5目10段１模様
1
12
10
←1段（作り目）
☆
40
30
20
10
1
目

48 page　ドットとストライプの靴下

材料と道具

▶糸

a　ハマナカ　リッチモア　パーセント　ピンク（70）　19g

b　ハマナカ　リッチモア　パーセント　グリーン（107）　43g

c　ハマナカ　リッチモア　パーセント　グレー（121）　35g

▶針

6号輪針（または4本棒針）

ゲージ

編み込み模様24目×25段（10cm四方）

出来上がり寸法

足長24cm丈30cm

編み方

①a糸1本取りで作り目を48目作り、輪にして1目ゴム編みで6段編む。

②7段目からa糸とb糸で編み込み模様を20段編む。

③27段目からb糸とc糸に変えて編み込み模様を84段編む。44段編んだら次の段でかかとの別糸を22目はさむ（62ページ参照）。

④111段目からa糸1本取りでつま先を編む。メリヤス編みで減らし目をしながら10段編んでつま先をメリヤスはぎをする。

⑤かかとを編む。かかとの別糸の上下を48目拾い、減らし目をしながらメリヤス編みで9段編む。

⑥かかとをメリヤスはぎをする。

【製図】

本体2枚

右足　＊左足は左右対称に編む

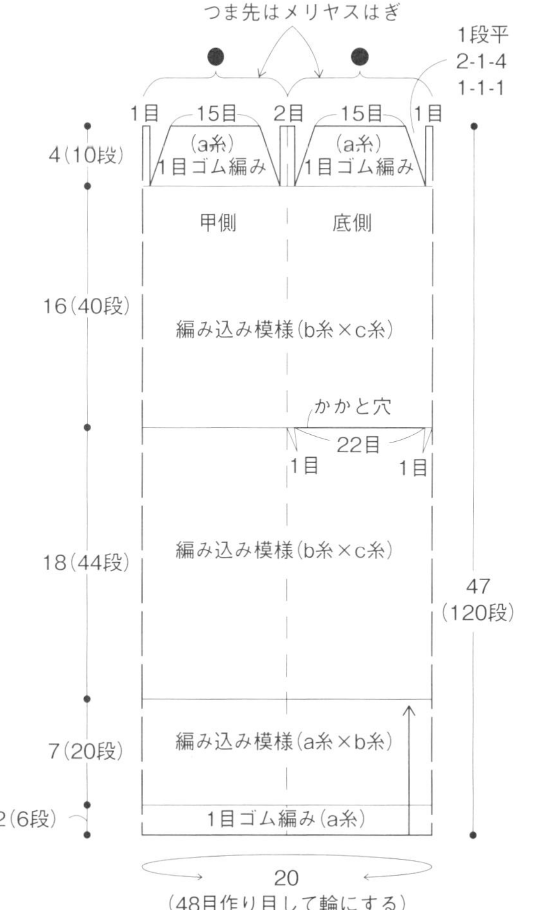

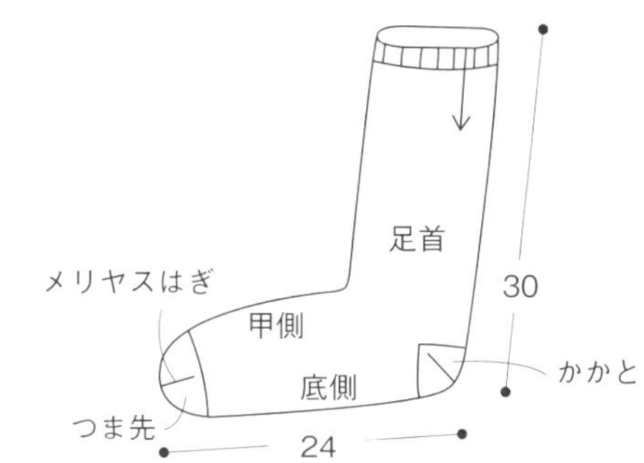

かかと2枚

【かかとの目の拾い方】

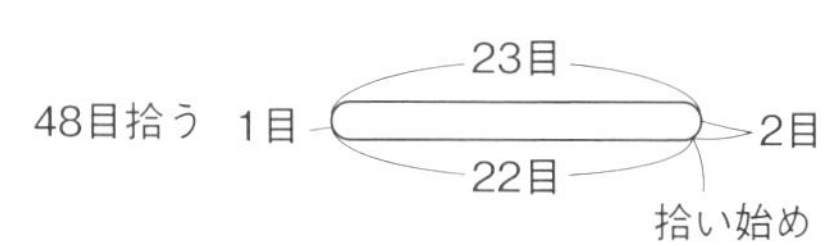

【編み図】　　　右足　＊左足は左右対称に編む

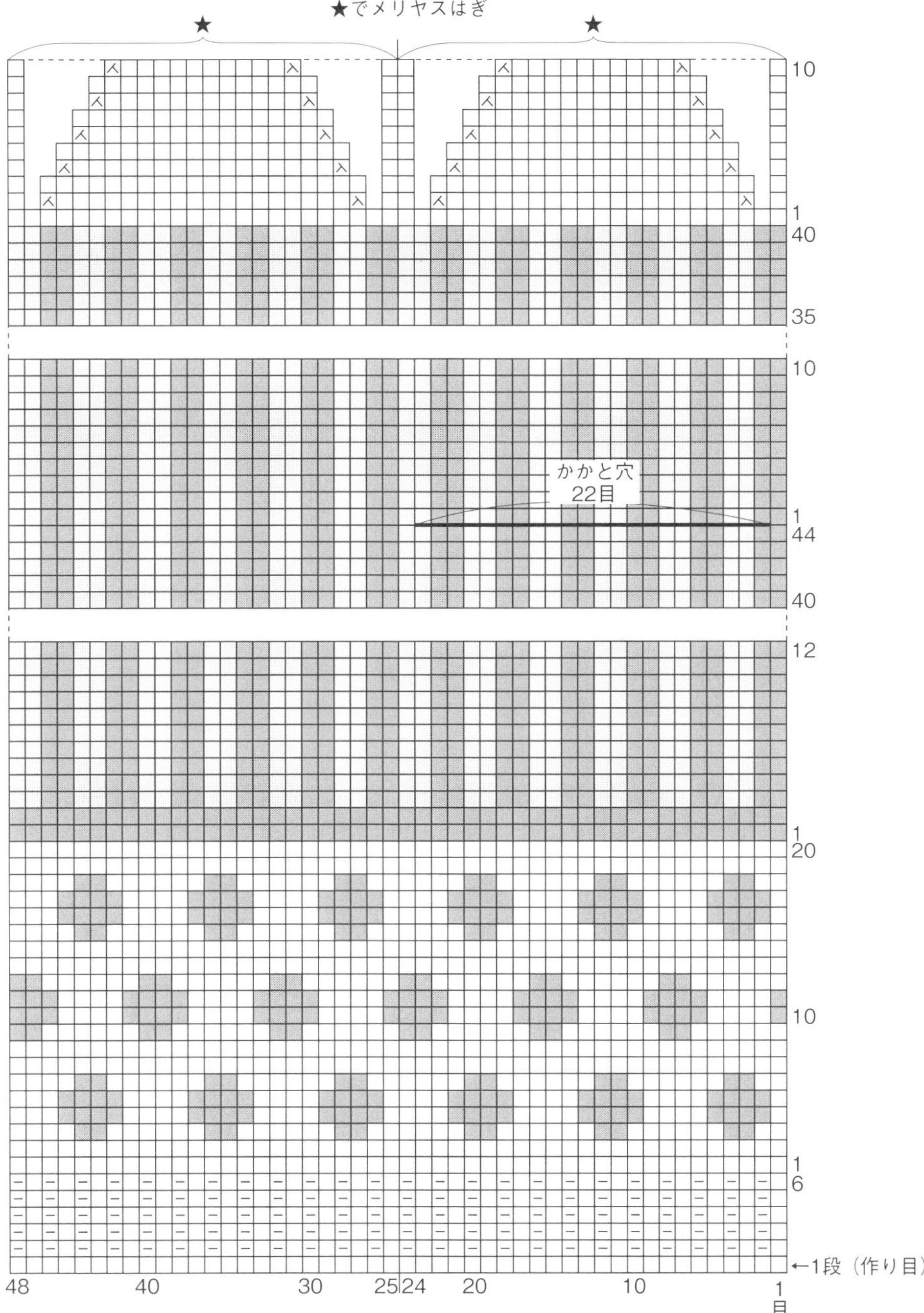

【編み図】　かかと

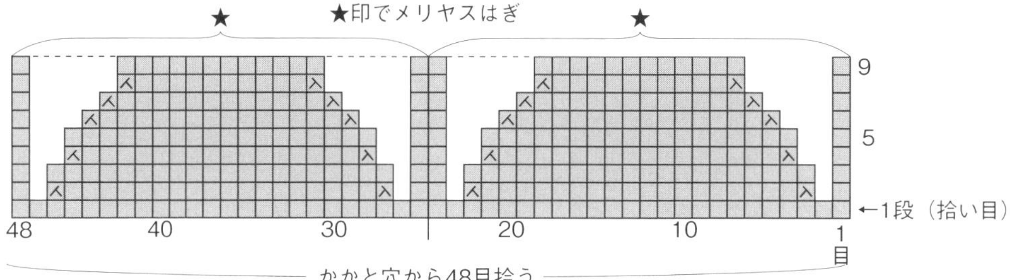

□ a糸（ピンク）

■ b糸（グリーン）

□ c糸（グレー）

□ 表目

⊟ 裏目

⋋ 右上２目一度

⋌ 左上２目一度

36 page　花模様の毛糸のパンツ

材料と道具

▶糸
a　ハマナカ　リッチモア　パーセント　ブルー(51)　140g
b　ハマナカ　リッチモア　パーセント　ホワイト(3)　42g
▶針
5号輪針

ゲージ

編み込み模様23目×28段(10cm四方)

出来上がり寸法

丈43.5cmおしりまわり84cm

編み方

①a糸で作り目を196目作り、輪にして1目ゴム編みで48段編む。
②49段目からa糸とb糸で編み込み模様を40段編み、股の増し目をしながら31段編む。
③120段目は股下を29目ずつ休み目をし、片足ずつ休めていた85目の目を1段表編みしたあと1目減らして84目を1目ゴム編みで9段編み、1目ゴム編み止めをする。
④股下同士をメリヤスはぎをする。

【製図】
本体

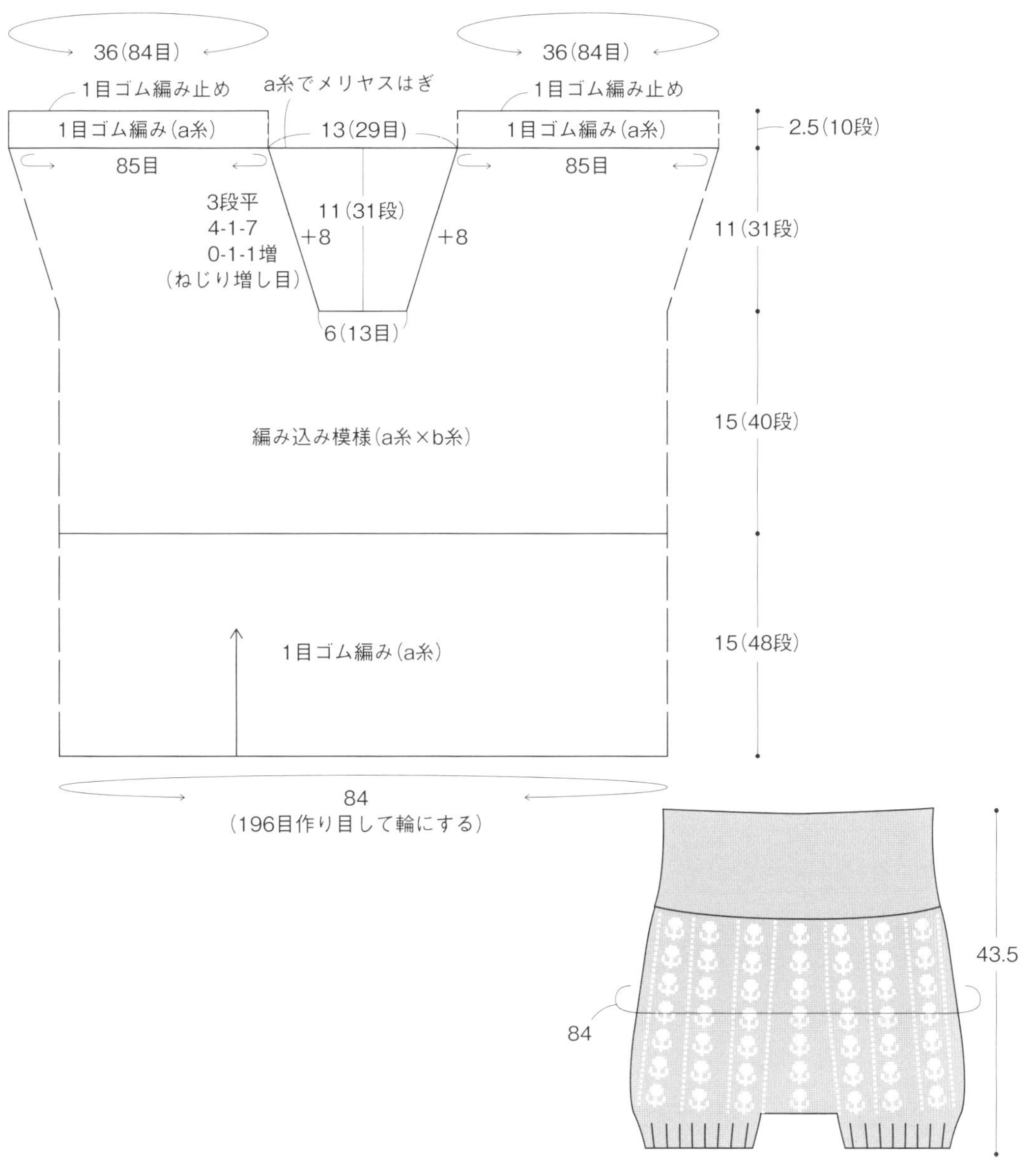

【編み図】

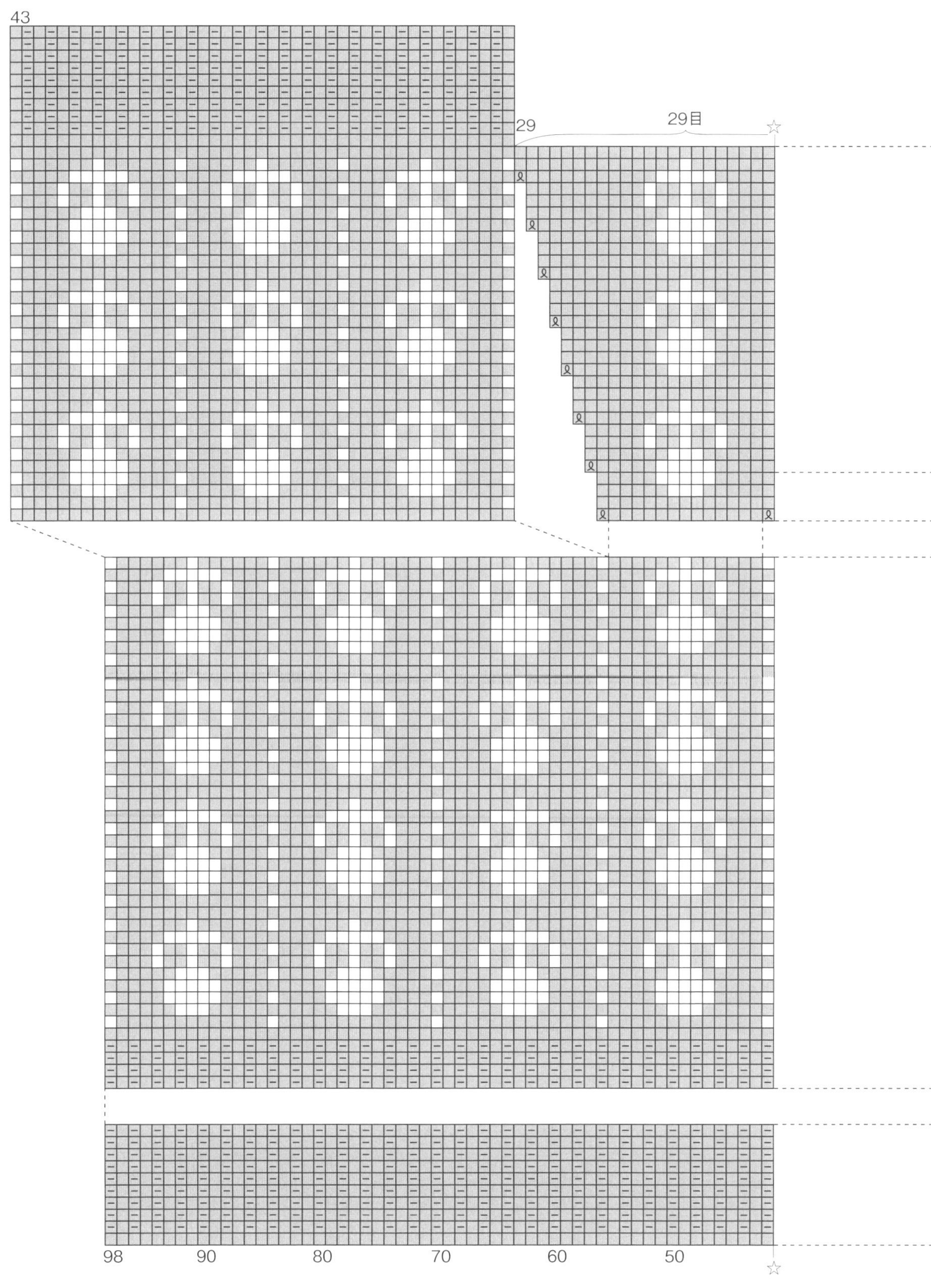

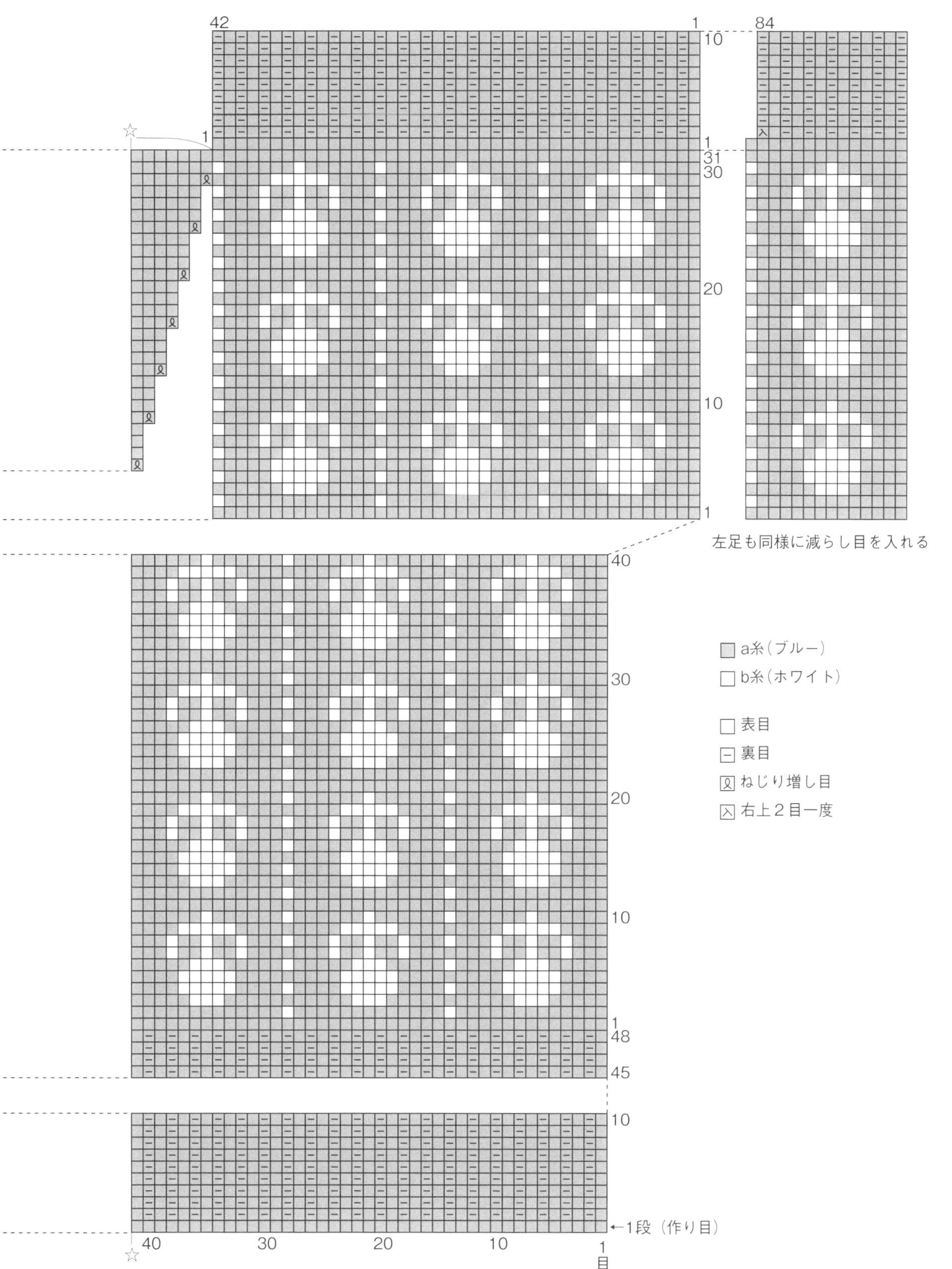
42
1
84
10
1
31
30
20
10
1
左足も同様に減らし目を入れる
40
30
20
10
1
48
45
10
←1段（作り目）
40
30
20
10
1
目
a糸（ブルー）
b糸（ホワイト）
表目
裏目
ねじり増し目
右上２目一度

38 page **編み込みミトン**

材料と道具

▶糸
a　ハマナカ　リッチモア　パーセント　ホワイト(1)　37g
b　ハマナカ　リッチモア　パーセント　ミント(109)　11g
▶針
6号4本棒針

ゲージ

編み込み模様24目×28段(10cm四方)

出来上がり寸法

長さ23cm手のひらまわり19cm

編み方

60ページ参照。
①a糸1本取りで作り目を46目作り、輪にして1目ゴム編みで16段編む。
②17段目からa糸とb糸で編み込み模様を42段編む。32段目で親指の別糸を6目はさむ。
③59段目から減らし目をしながら指先部分を編み、残り22目に糸を通して引き絞って仕上げる。
④親指を編む。別糸の上下を15目拾い、輪にしてメリヤス編みで20段編む。15目に糸を通して引き絞って仕上げる。

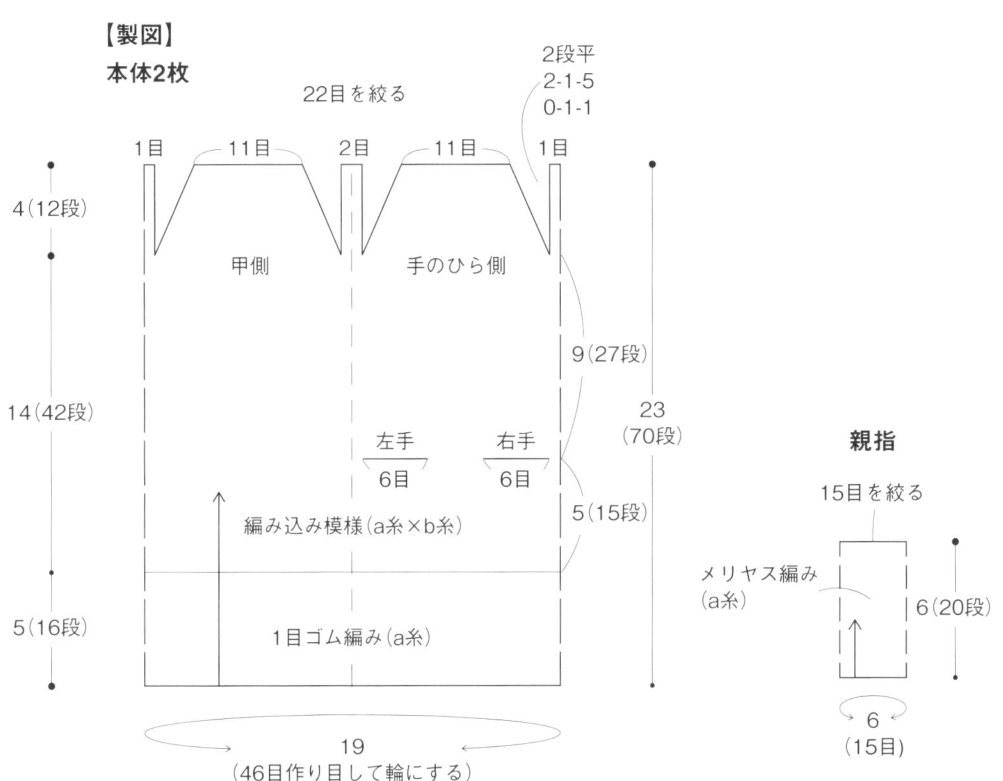

【親指の目の拾い方】

【編み図】

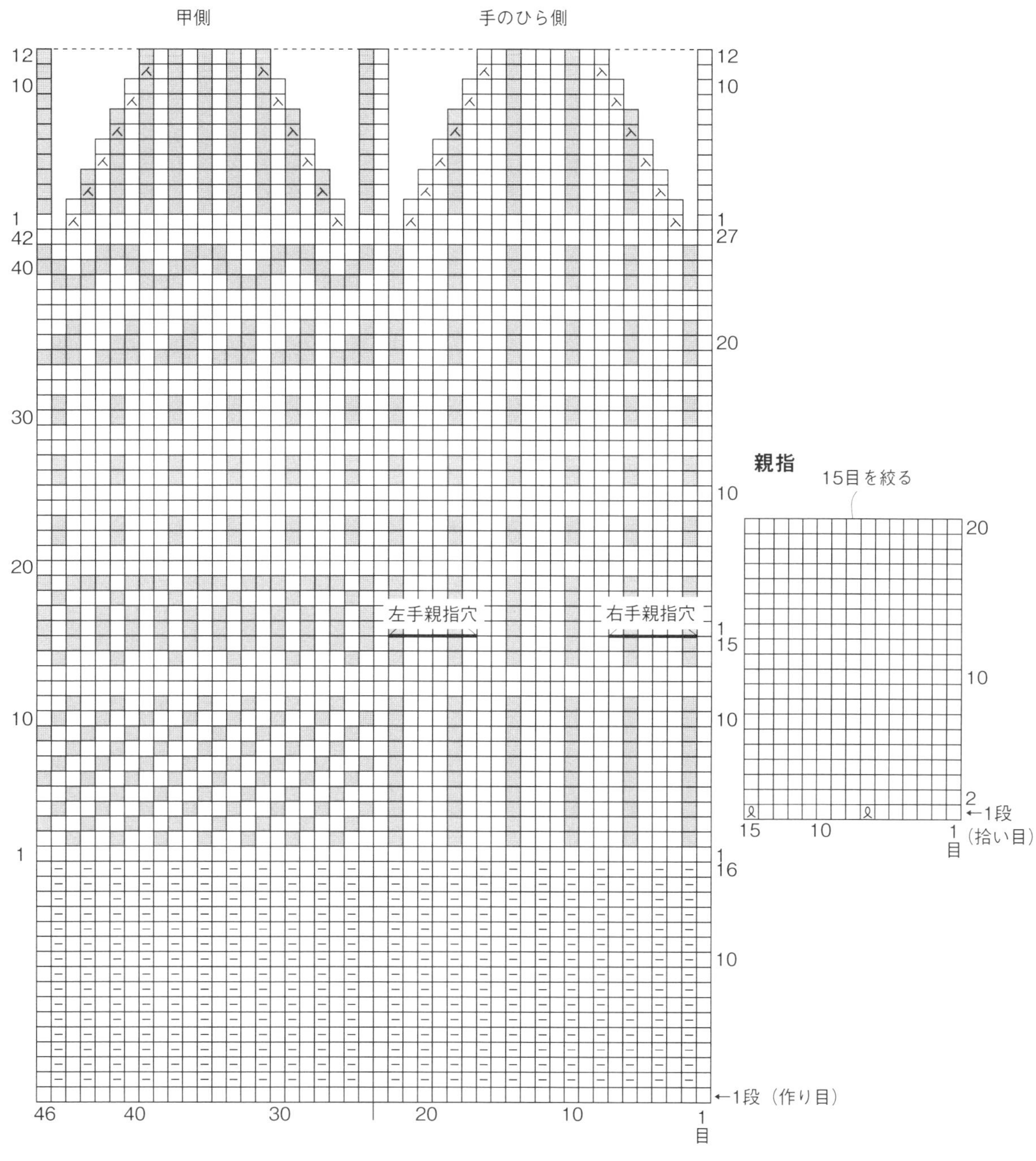

□ a糸（ホワイト）
■ b糸（ミント）

□ 表目
⊟ 裏目
入 右上２目一度
人 左上２目一度
ℓ ねじり増し目

40 page　パッチワークアームウォーマー

材料と道具

▶糸
a　DARUMA　やわらかラム　ブラック(15)　6g
b　DARUMA　やわらかラム　クリーム(3)　11g
c　DARUMA　やわらかラム　アプリコット(5)　10g
d　DARUMA　やわらかラム　ターコイズグリーン(41)　4g
e　DARUMA　やわらかラム　グレー(39)　4g
▶針
5号棒針

ゲージ

25目×35段(10cm四方)

出来上がり寸法

丈19.5cm幅ぐるり17cm

編み方

①a糸1本取りで作り目を42目作り、編み図の通りに6段編む。
②b糸、c糸、b糸、c糸の順に変えて各1本取りで14段ずつメリヤス編みで編む。
③a糸1本取りに変えてメリヤス編みで6段編み、伏せ止めをする。
④編み図の通りにメリヤス刺繍をする。
⑤端を親指位置を残してすくいとじをする。

【製図】
本体2枚

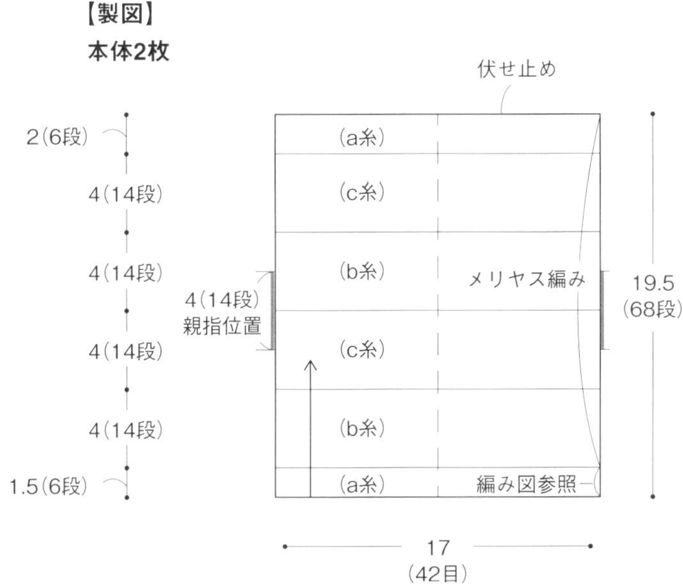

【編み図】

←伏せ止め
6
1
14
1
14
1
14
1
14
1
6
←1段（作り目）
42 40
30
20
10
1
目
a糸（ブラック）
b糸（クリーム）
c糸（アプリコット）
d糸（ターコイズグリーン）／メリヤス刺繍
e糸（グレー）／メリヤス刺繍
表目
裏目
伏せ目

42 page　ヘアバンド

材料と道具

▶糸
a　itoito　CASA MILA Ⅰ　キャメル(3)　13g
b　itoito　CASA MILA Ⅰ　ブラック(6)　25g
▶その他
ヘアゴム36cm
▶針
4号棒針

ゲージ

模様編み26目×28段(10cm四方)

出来上がり寸法

ぐるり50cm

編み方

①a糸1本取りで作り目を20目作り、b糸と編み込み模様を106段編んで伏せ止めをする。これが本体になる。
②b糸1本取りで作り目を26目作り、メリヤス編みで88段編んで伏せ止めをする。これが後ろパーツになる。
③本体にヘアゴムを通して輪に結び、後ろパーツでヘアゴムをくるんですくいとじをし、両端を本体にかぶせて巻きかがりをする。
④本体中央を糸できつく巻いてとめる。

【製図】

本体

伏せ止め
編み込み模様
(a糸×b糸)
42
(106段)
10.5
(20目)

後ろパーツ

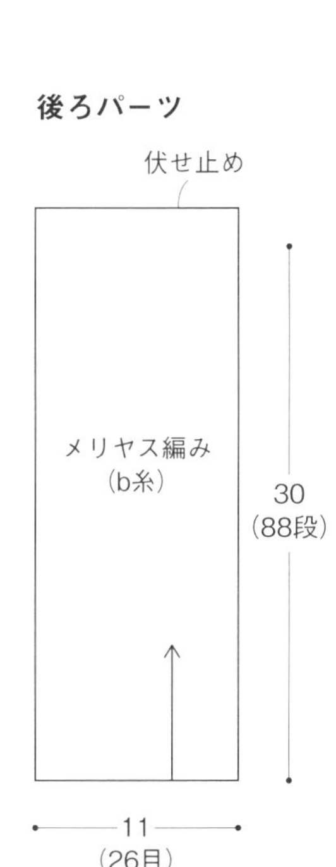

【仕立て方】

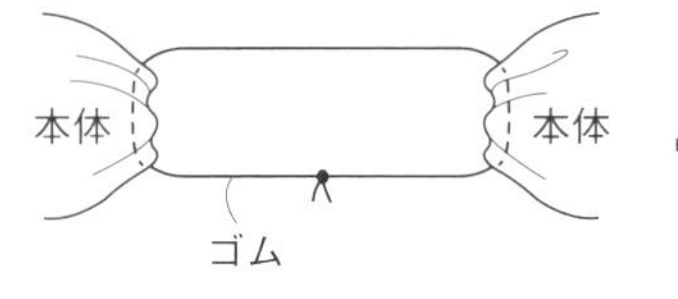

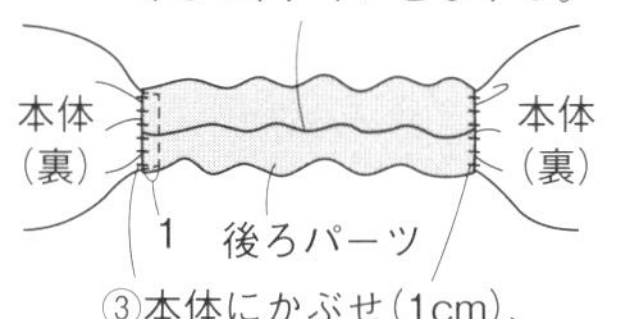

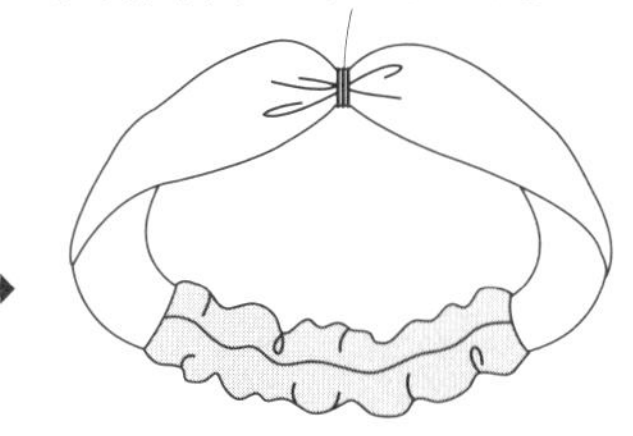

【編み図】

本体

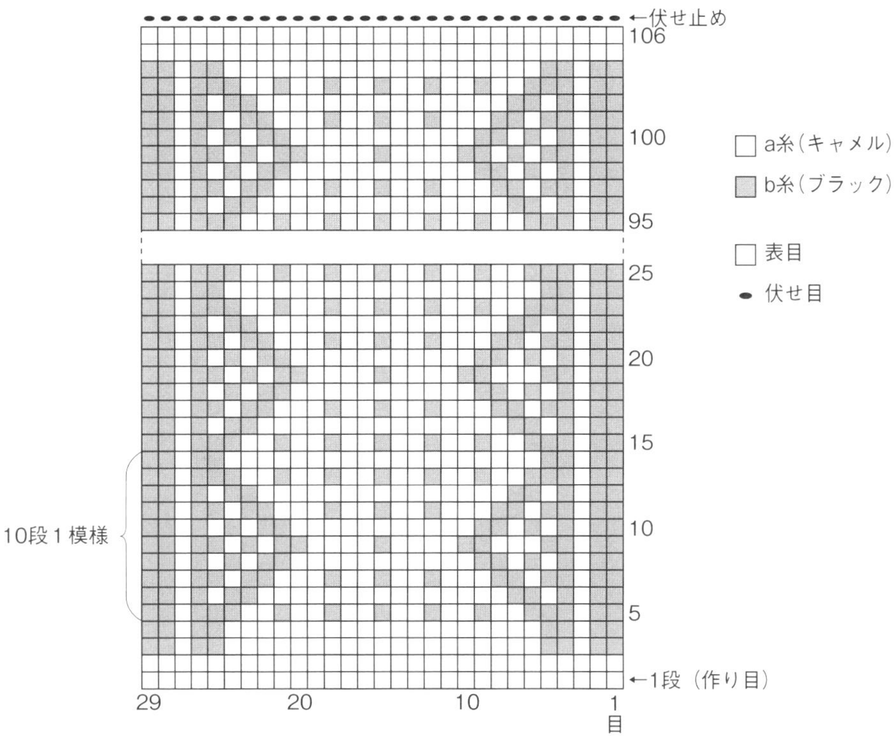

←伏せ止め
106
100
95
25
20
15
10段1模様
10
5
←1段（作り目）
29
20
10
1
目
a糸（キャメル）
b糸（ブラック）
表目
伏せ目

後ろパーツ

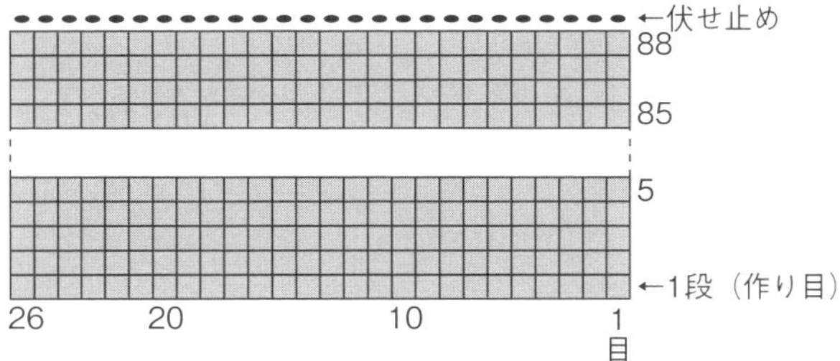

←伏せ止め
88
85
5
←1段（作り目）
26
20
10
1
目

44 page　ベレー帽

材料と道具

▶糸
a　itoito　CASA MILA Ⅰ　オフホワイト(1)　40g
b　itoito　CASA MILA Ⅰ　ブラック(6)　15g
c　DARUMA　小巻Café デミ ネオン　イエロー(201)　2g
▶針
4号輪針

ゲージ

編み込み模様26目×28段(10cm四方)

出来上がり寸法

ぐるり50cm高さ15cm

編み方

① a糸で作り目を120目作り、輪にして1目ゴム編みで12段編む。
② 13段目はメリヤス編みでねじり増し目をしながら48目増やし、a糸とb糸で編み込み模様を18段編む。
③ 31段目から減らし目をしながら編み込み模様を29段編む。
④ 残った28目に糸を通して引き絞って仕上げる。

【製図】
本体

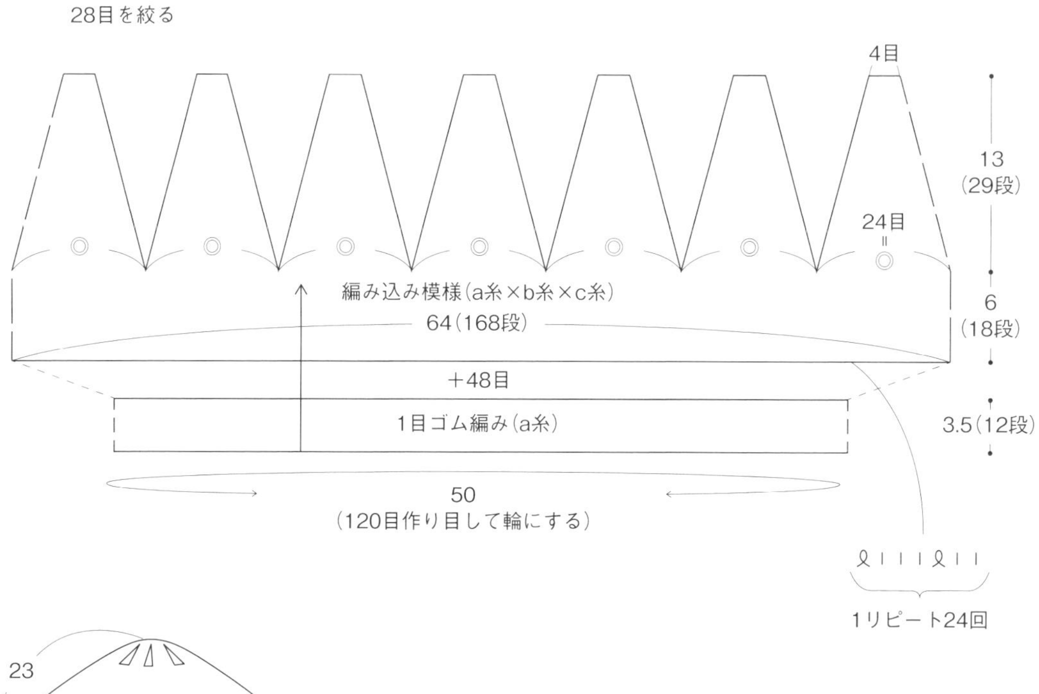

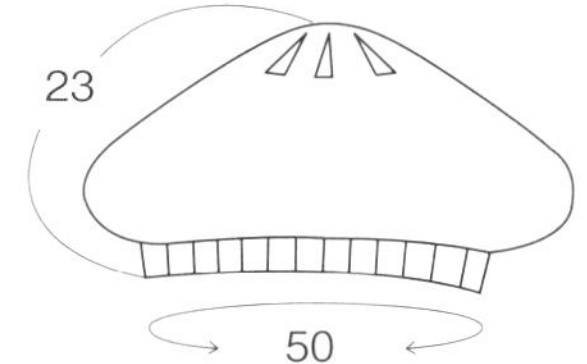

【編み図】

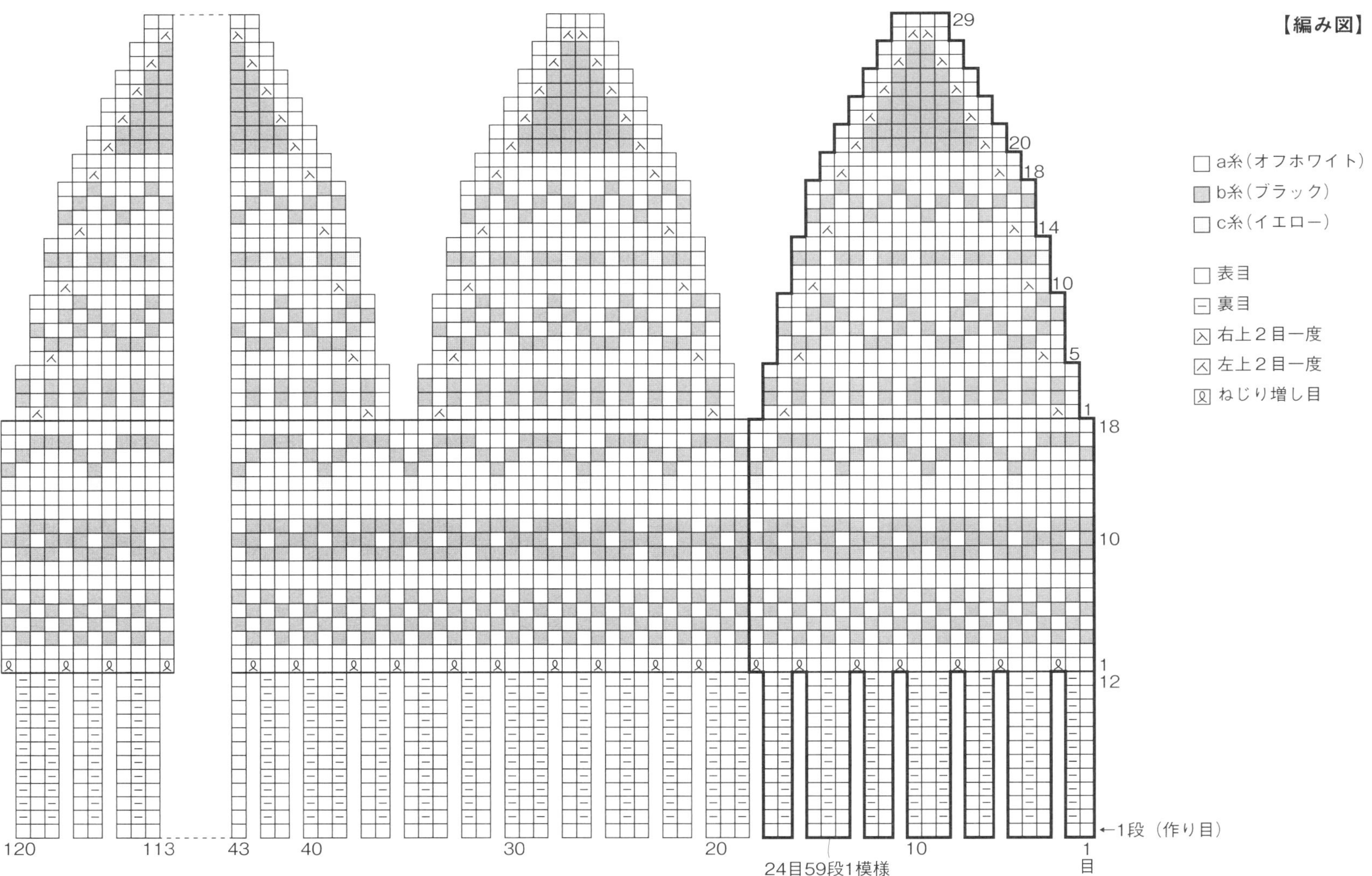

29
20
18
14
10
5
1
18
10
1
12
←1段（作り目）
120
113
43
40
30
20
10
1
目
24目59段1模様
□ a糸（オフホワイト）
■ b糸（ブラック）
□ c糸（イエロー）
□ 表目
⊟ 裏目
右上2目一度
左上2目一度
ねじり増し目

50 page　**カードケース**

材料と道具

▶糸

あまり糸で好きに編む

a　AVRIL　スムースウール　シェルピンク(02)　3g

b　chocoshoe　ポンポンヤーン　ライトブルー　1g

c　DARUMA　空気をまぜて糸にしたウールアルパカ きなり(1)　1g

d　AVRIL　みずたま　くろつぶ(181)　2g

e　DARUMA　iroiro Neon　ネオンイエロー(201)　2g

f　AVRIL　スムースウール　エメラルド(04)　1g

g　DARUMA　ダルシャン合細モヘア(2本取りにする) ピンク(44)　1g

h　DARUMA　スプラウト　きなり(1)　8g

i　DARUMA　やわらかラム　グレー(39)　1g

▶その他

直径1cmスナップボタン1組

▶針

10号棒針

出来上がり寸法

縦9cm横11cm

編み方

① 作り目を20目作り、ガーター編みで73段編み、伏せ止めをする。糸はあまり糸を好みで変えていく。

② ふたと本体にスナップボタンを縫いつける。

③ 外表に折って脇をすくいとじをする。

【製図】

本体

伏せ止め

ふた側

ガーター編み
(糸は編み図参照)

20(73段)

●　●(27段)

★　★(27段)

11
(20目)

●★をすくいとじする

【仕立て方】

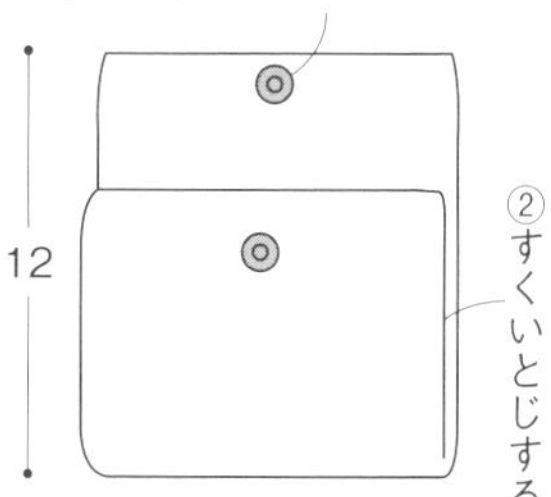

【編み図】

□ a糸+b糸(シェルピンク+ライトブルー)

□ a糸(シェルピンク)

□ c糸+d糸(きなり+くろつぶ)

□ e糸(ネオンイエロー)

□ f糸(エメラルド)

□ g糸(ピンク2本取り)

□ h糸(きなり)

□ i糸+d糸(グレー+くろつぶ)

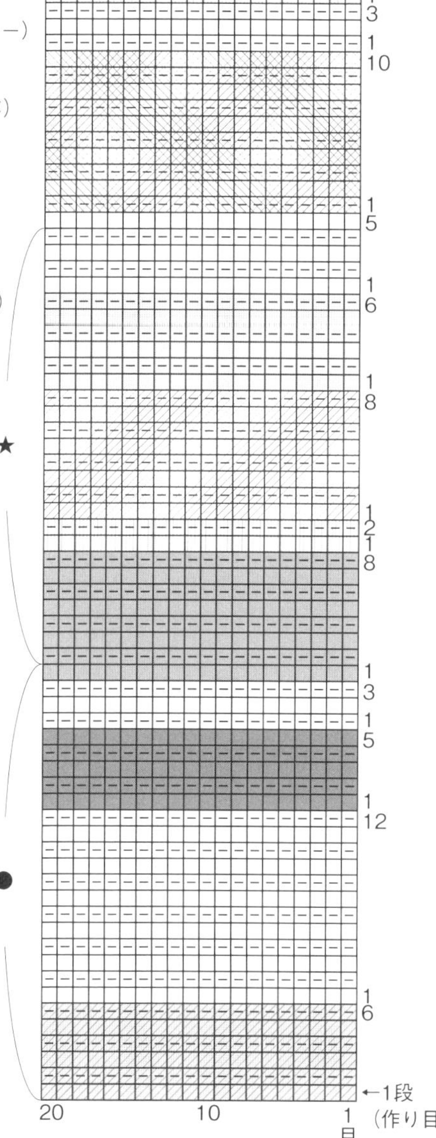

51 page　がま口

材料と道具

▶糸

あまり糸で好きに編む

a　AVRIL　スムースウール　エメラルド(04)　9g

b　AVRIL　コルクシェニール　ホワイト(01)　5g

c　itoito　skógafoss　オフホワイト(1)　5g

▶その他

口金幅8cm高さ9cm丸型1個

▶針

10号棒針

▶その他

35mmポンポンメーカー

出来上がり寸法

縦7.5cm横7.5cm

編み方

①a糸とb糸の引き揃え2本取りで作り目を14目作り、メリヤス編みで32段編み、伏せ止めをする。これが本体になる。

②本体の底中心から左右に4段ずつ合計8段からa糸とb糸の引き揃え2本取りでメリヤス編みで8目拾い目をする。そのまま12段編んで伏せ止めをする。これがマチになる。

③本体とマチの脇を1段ずつすくいとじをする。

④口に口金をつける。

⑤c糸でポンポンを作り、カンにつける。

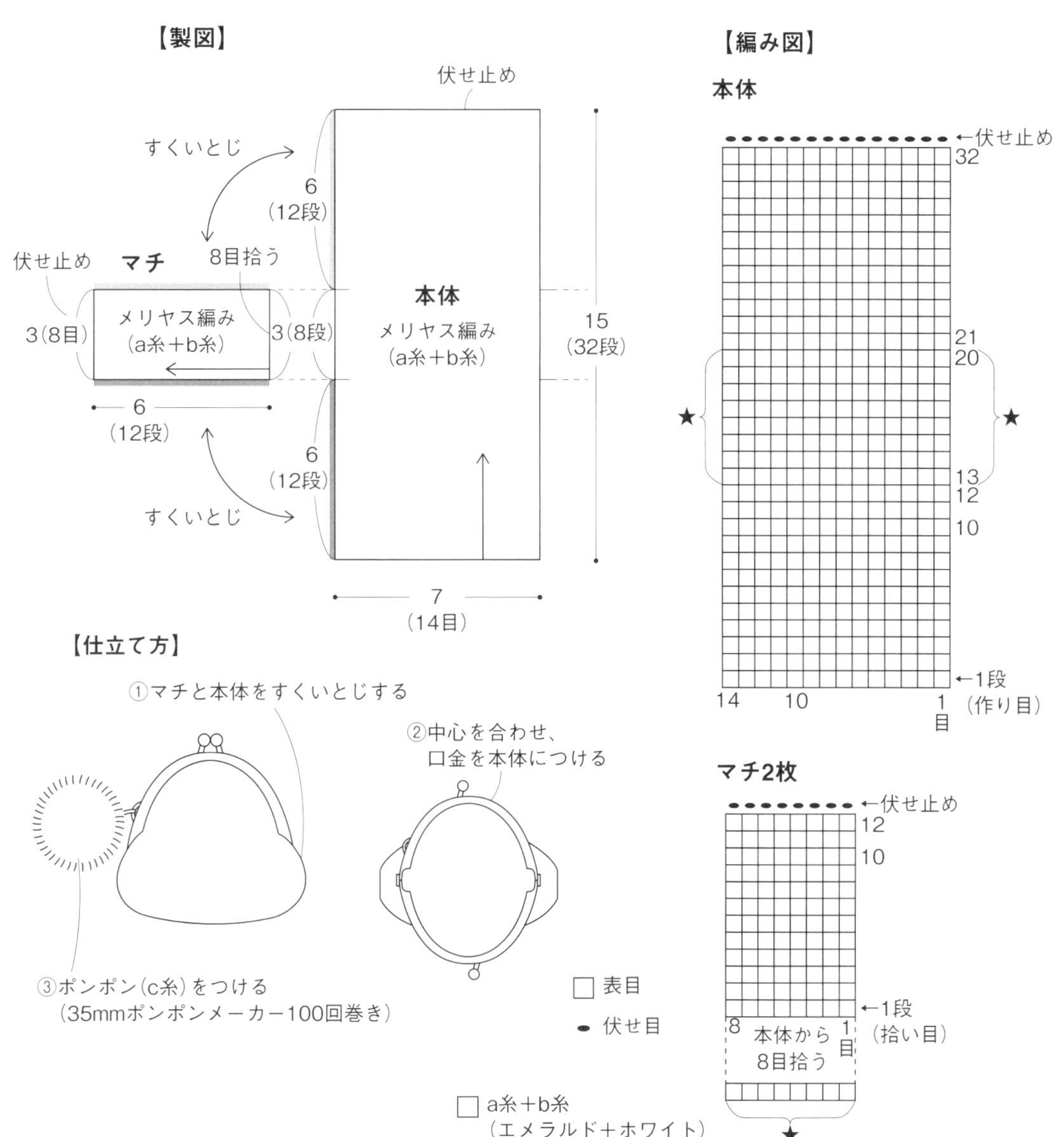

52 page　くま

材料と道具

▶糸

好きな糸で編むとよい

a　DARUMA　やわらかラム　ホワイト（1）　12g
b　DARUMA　ダルシャン極細　ピンク（33）　5g
c　AVRIL　スムースウール　ブラック（08）　1g

▶針

5号棒針

出来上がり寸法

縦13cm横9cm

編み方

作り方は64ページ参照。

① a糸とb糸の引き揃え2本取りで作り目を25目作り、メリヤス編みで40段編み、伏せ止めをする。これを2枚編む。
② 2枚を中表に合わせて型紙を重ね、周囲を縫い糸で返し口を残して縫う。
③ 表に返して中に糸などを詰め、返し口をすくいとじをする。
④ 耳の下を返し縫いし、顔を刺繍する。

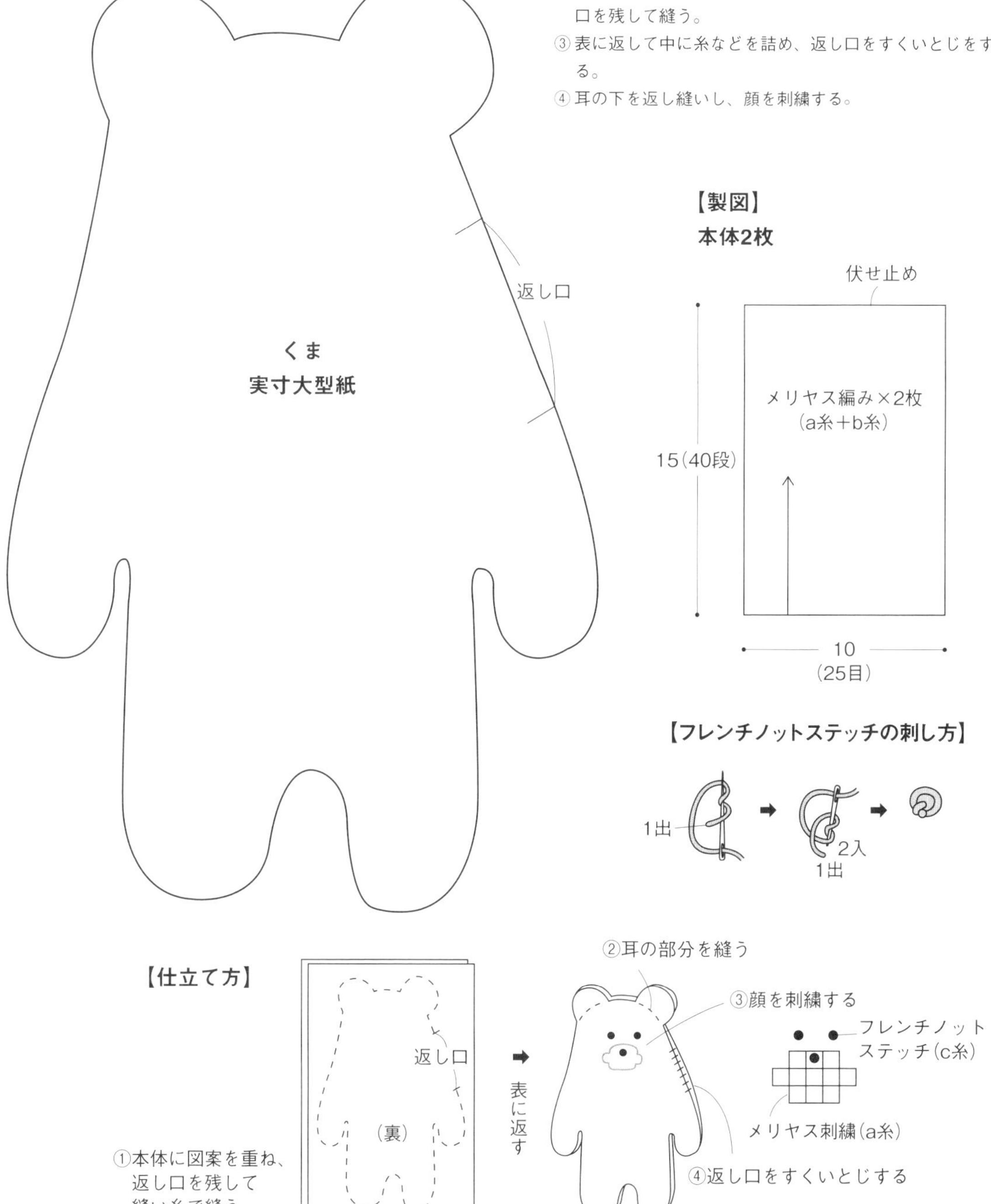

53 page ブローチ

材料と道具

▶糸
ゲージのスワッチ（編み地）を使う
▶その他
丸　直径5cmつつみボタン1個　5×5cmフェルト1枚
四角　6×6cmプラスチック板（厚紙）1個　6×6cm革1枚
長さ3cmブローチピン1個

出来上がり寸法

丸直径5cm　四角6×6cm

編み方

①スワッチをぐし縫いし、つつみボタンやカットしたプラスチック板や厚紙を入れてぐし縫いを引き絞る。
②裏にフェルトや革を縫い止め、ブローチピンをボンドでつける。

【仕立て方】

丸ブローチ

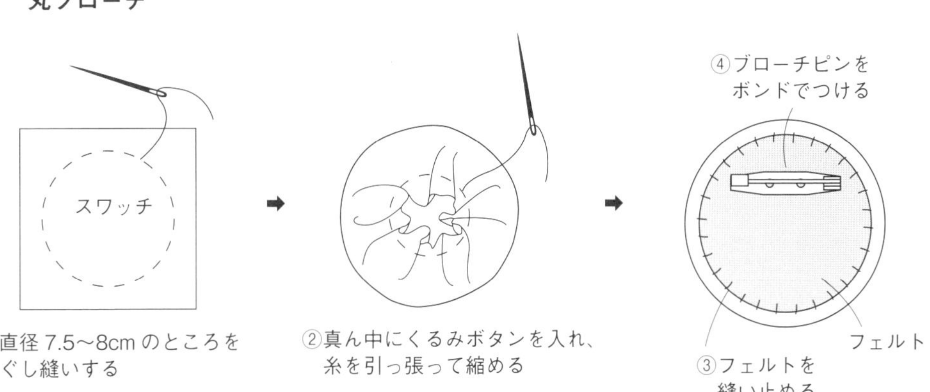

四角ブローチ

スワッチ
③ブローチピンを
ボンドでつける
革
①厚紙にくるんで、
縫い止める
②革をはる

基本の編み方

棒針編みの一般的な作り目

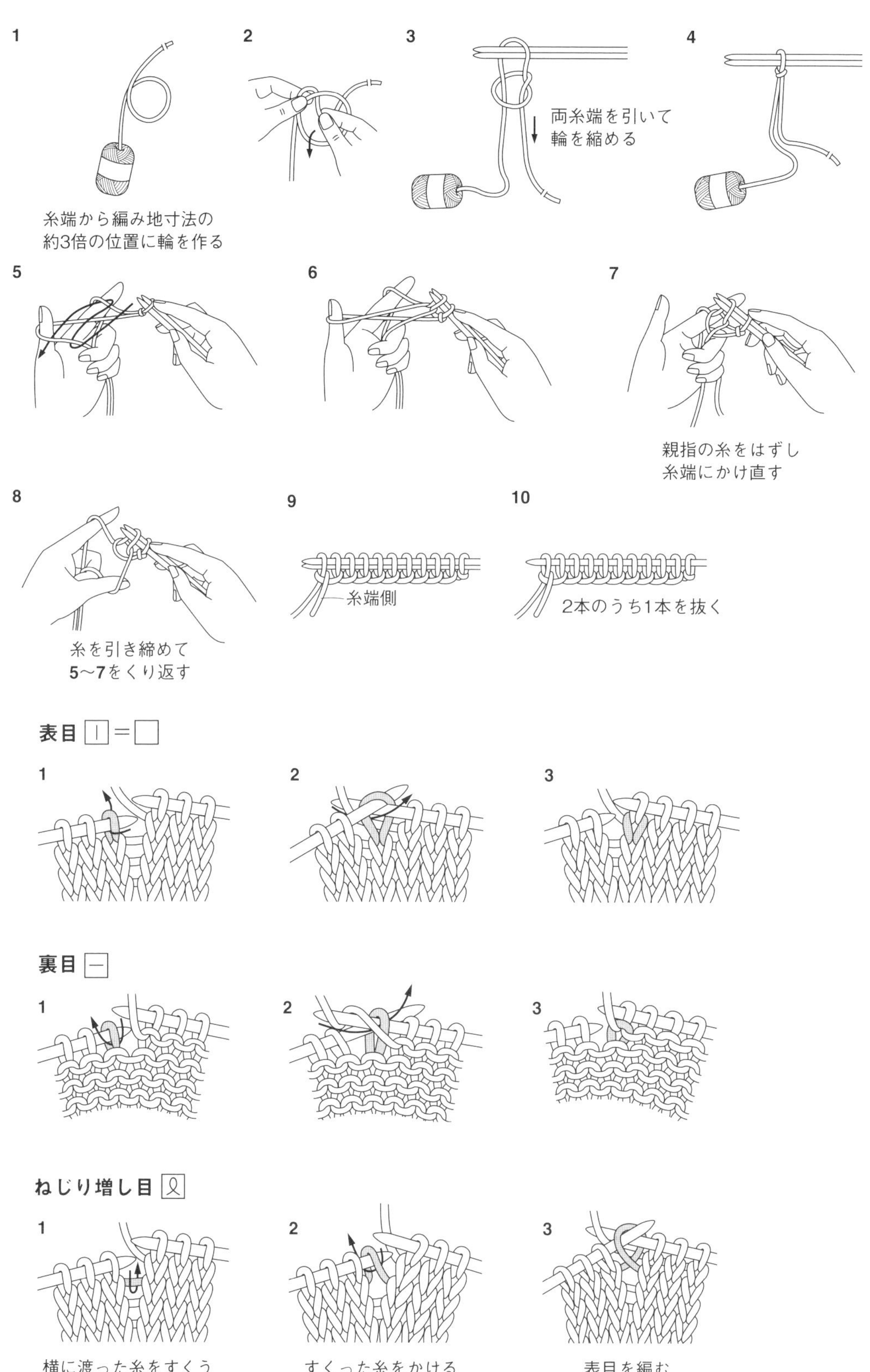

右上2目一度

1

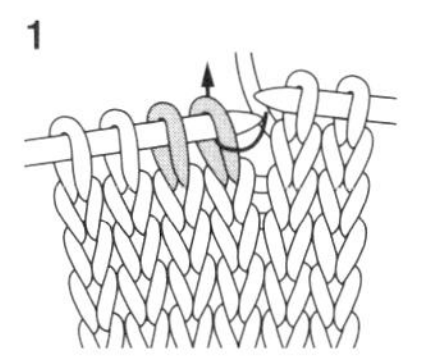

編まずに右針へ移す

2

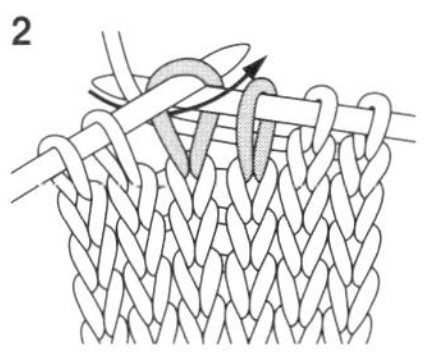

表目を編む

3

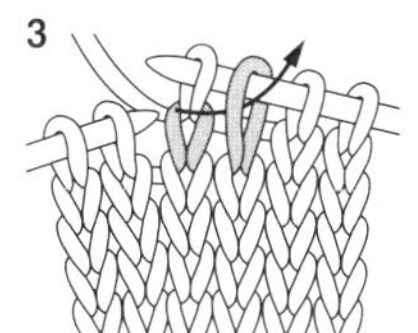

4

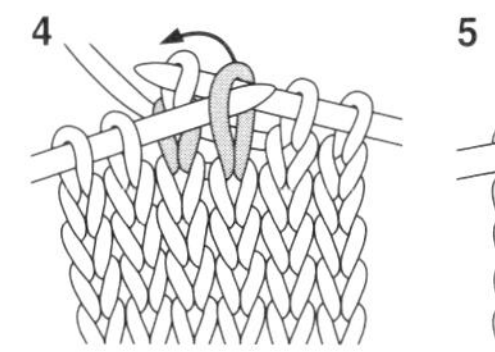

移した目をかぶせる

5

左上2目一度

1

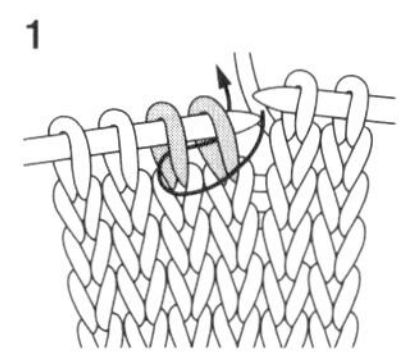

2目一緒に編む

2

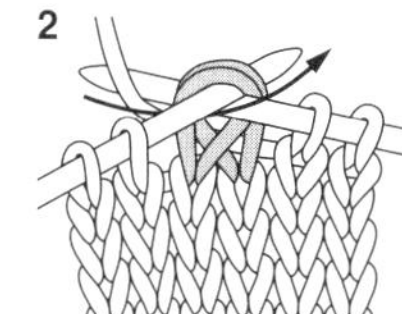

3

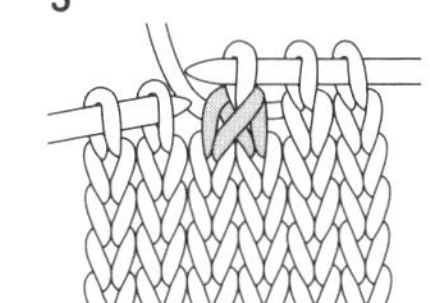

かけ目

1

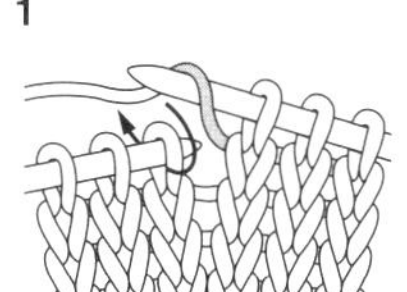

右針に手前から奥に糸をかけ、次の目を編む

2

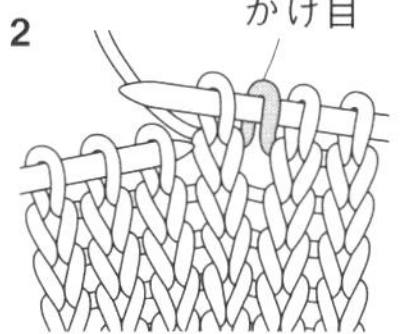

針に糸がかかり、1目増える

3

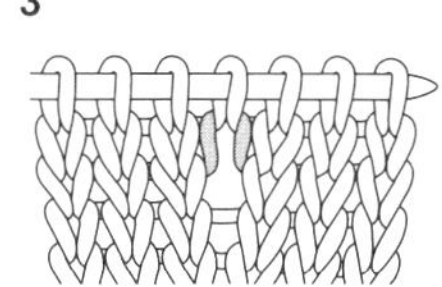

そのまま次の段も編むと、かけ目の部分は穴があく

巻き増し目

1

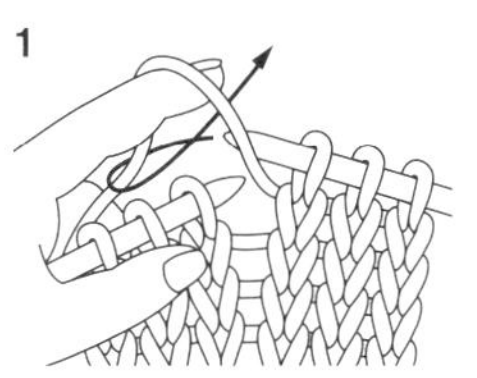

矢印のように針で糸をすくってかける

2

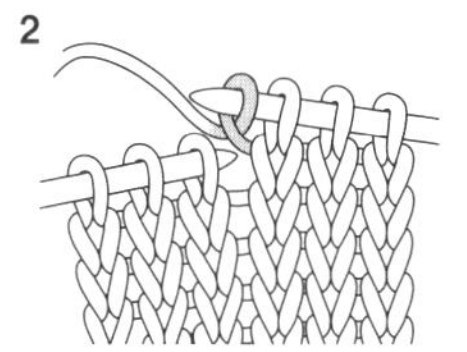

針に糸がくるりと巻きついて巻き目になる

3

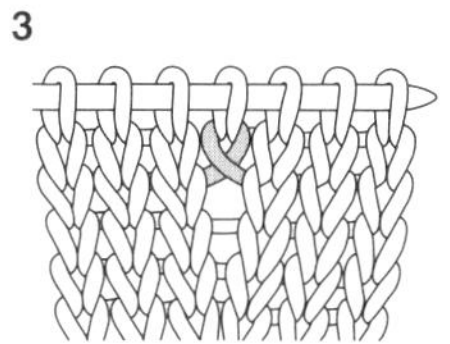

そのまま編み次の段を編んだところ

伏せ目

1

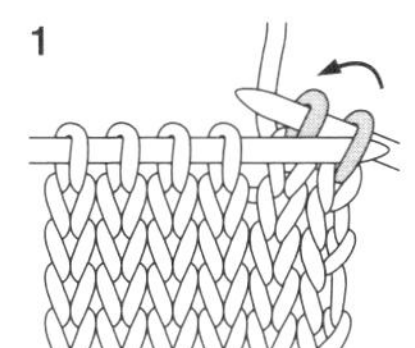

2

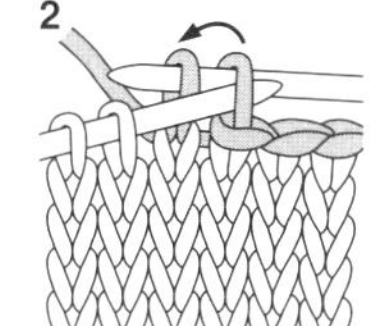

3

引き抜いて
糸を締める

2目表目を編んでかぶせる
伏せ止めの場合は、これをくり返す

1目ゴム編み止め（輪編みの場合）

1

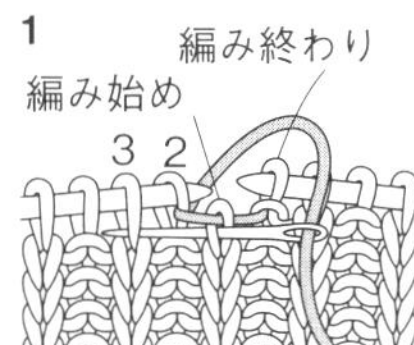

1目めにとじ針を通して、2目めの左から右に通す
1目めに戻り、3目めに通す

2

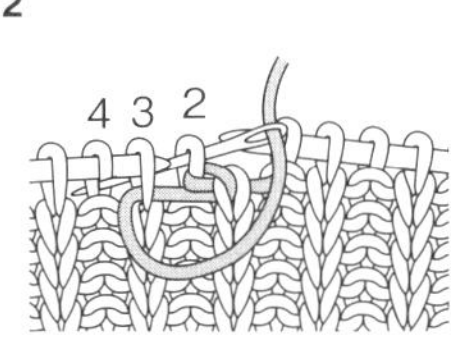

2目めに戻って通し、3目めをとばして後ろを通り、4目めに通す

3

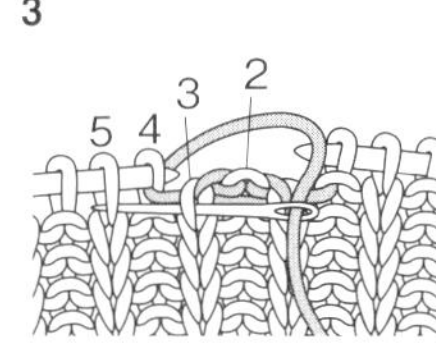

3目めに戻って通し、4目めをとばして5目めに通す

4

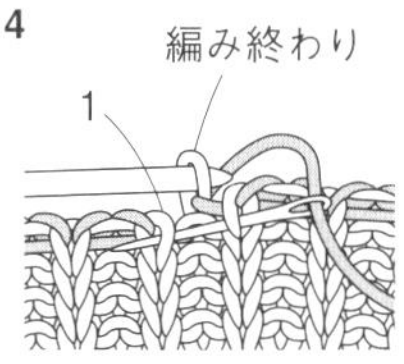

2～**3**のように表目同士、裏目同士に通すことをくり返し、最後は1の目に針を通す

5

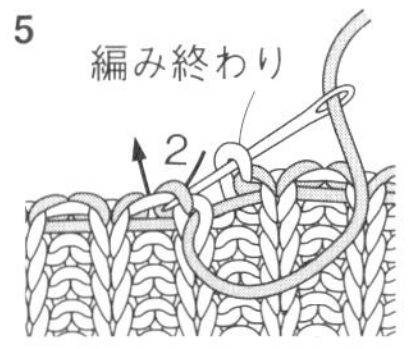

最後の目と2目め（裏目）に針を通し、矢印の方向に抜く

6

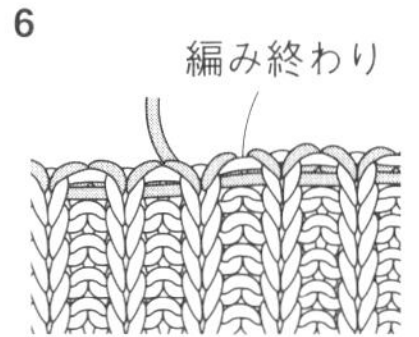

糸を引いて完成

巻きかがりはぎ（半目）

1

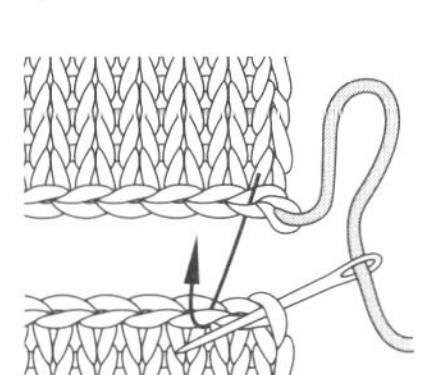

2

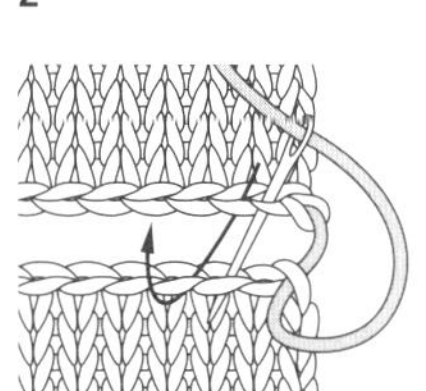

3

編み地を外表に合わせ、
両側の伏せ目の半目を１目ずつかがる

メリヤスはぎ

1

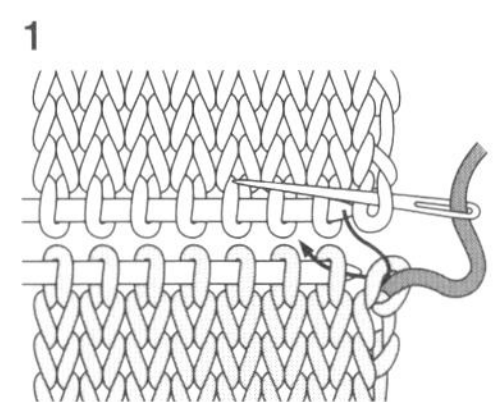

2

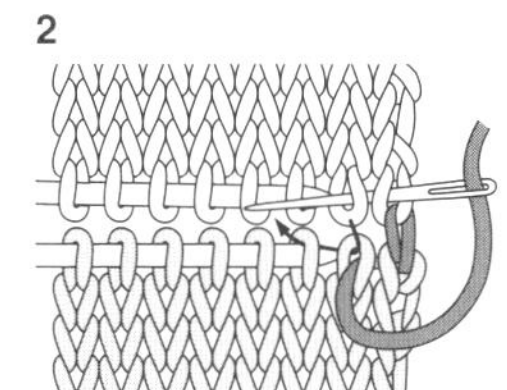

3

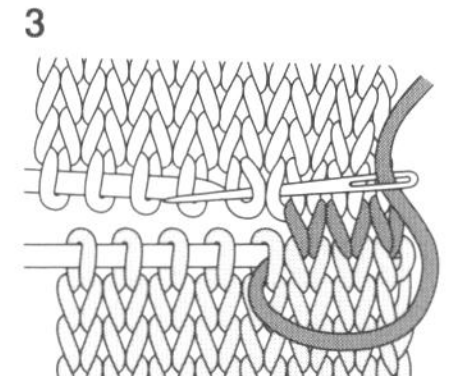

すくいとじ

1

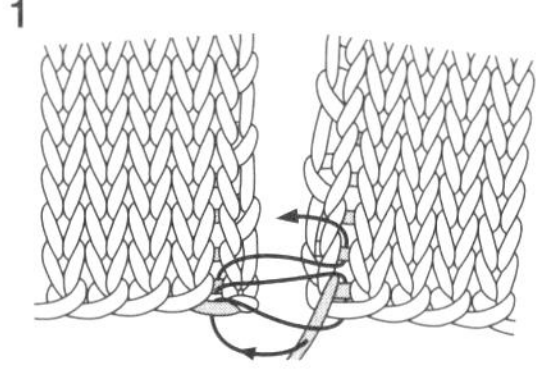

2

かぶせはぎ

1

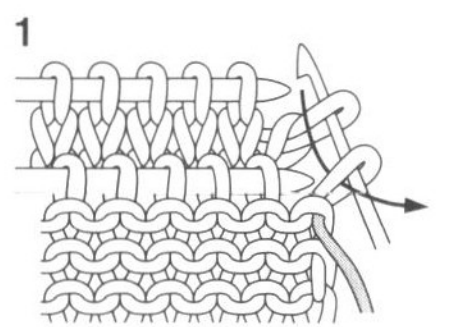

中表にして向こうの目を引き抜く

2

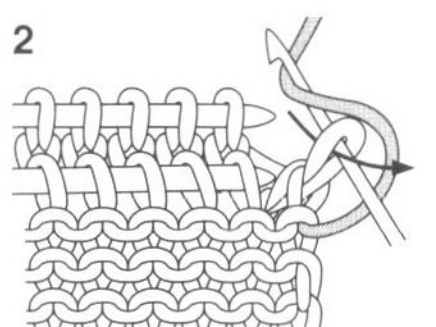

糸をかけて引き抜く

3

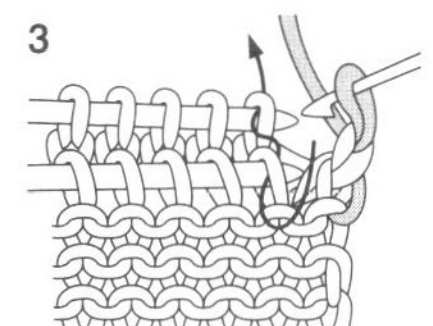

4

向こうの目を引き抜く

5

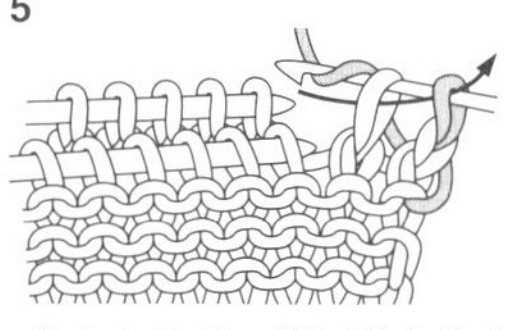

糸をかけて一緒に引き抜く

6

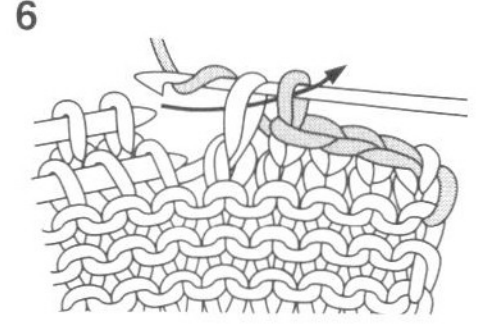

編み込み模様の編み方（裏に糸を渡す方法）

1

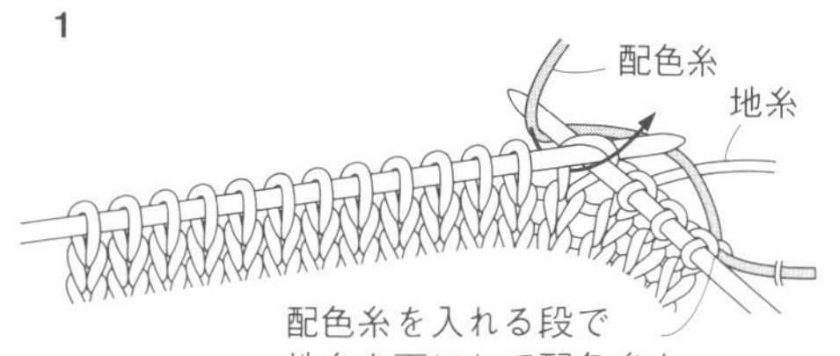

配色糸を入れる段で
地糸を下にして配色糸を
はさみ込み端目を編む

地糸を下にして休ませ、配色糸で編む

2

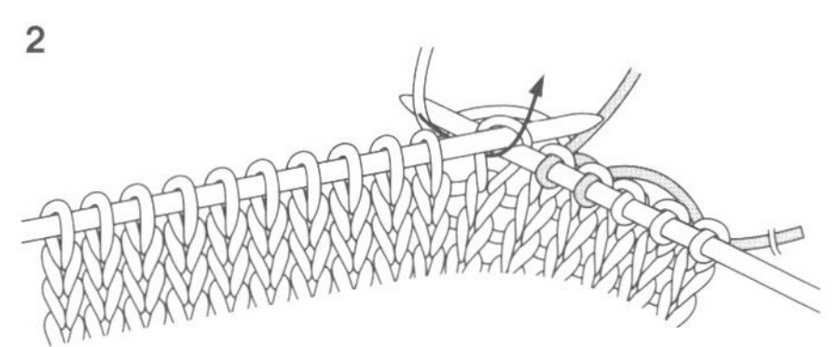

配色糸で編んで地糸に戻るときは、配色糸を上にして休ませ、地糸で編む

3

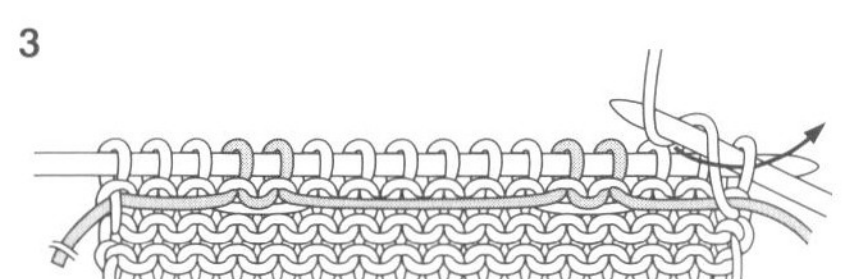

編み地の端まで配色糸を渡すとこのように次の段を編む糸が渡る

4

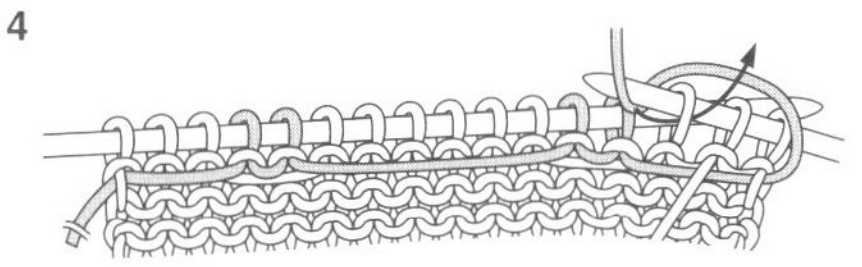

色を変える目にきたら、地糸を下にして休ませ、配色糸で編む

5

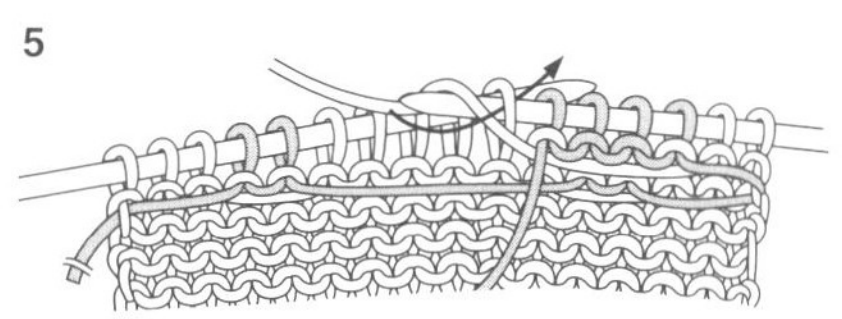

配色糸で編んで地糸に戻るときは、配色糸を上にして休ませ、地糸で編む

6

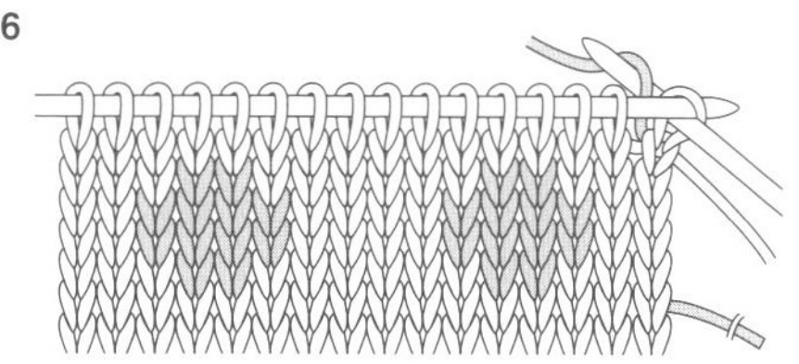

渡りの糸を引きすぎると編み地がつれてしまうので糸をゆるめにするとよい
5目以上あくときは地糸を編みくるむと引っかかりにくくなる（57ページ参照）